U0710924

下一个乔布斯是谁

WHO IS NEXT JOBS

贾琦 著

▼

山西出版传媒集团

山西人民出版社

图书在版编目（CIP）数据

下一个乔布斯是谁／贾琦著．—太原：山西人民出版社，2013.12
ISBN 978 - 7 - 203 - 08400 - 6

Ⅰ.①下… Ⅱ.①贾… Ⅲ.①贝索斯,J. - 生平事迹
Ⅳ.① K 837. 125. 38

中国版本图书馆 CIP 数据核字（2013）第 269258 号

下一个乔布斯是谁

著　　者：贾　琦
责任编辑：梁晋华
特约编辑：王云强
装帧设计：李尘工作室

出 版 者：山西出版传媒集团·山西人民出版社
地　　址：太原市建设南路 21 号
邮　　编：030012
发行营销：0351 - 4922220　4955996　4956039
　　　　　0351 - 4922127（传真）　4956038（邮购）
E - mail：sxskcb@ 163. com　发行部
　　　　　sxskcb@ 126. com　总编室
网　　址：www. sxskcb. com

经 销 者：山西出版传媒集团·山西人民出版社
承 印 者：山西出版传媒集团·山西新华印业有限公司

开　　本：720mm×1010mm　　1/16
印　　张：15. 5
字　　数：180 千字
印　　数：1 - 10 000 册
版　　次：2013 年 12 月第 1 版
印　　次：2013 年 12 月第 1 次印刷
书　　号：ISBN 978 - 7 - 203 - 08400 - 6
定　　价：32. 00 元

如有印装质量问题请与本社联系调换

序言

世界需要挑战者

在这个世界还没有准备好的时候，又出现了一位继史蒂夫·乔布斯（以下简称乔布斯）之后重塑业绩格局的人，他叫杰夫·贝索斯（以下简称贝索斯），是亚马逊的创始人。现在，没有人会对他陌生，他变革了传统的阅读方式，"害得"大多数书店无利可图。在这些人眼中，贝索斯实在过于凶狠，一点情面不讲。然而，对另一些人来说，贝索斯又是可爱至极的。

从1994年辞职下海，到1995年用父母的养老金组建亚马逊，再到亚马逊历经7年的亏损而一举赢利，逐渐成长为市值仅次于谷歌的大公司，贝索斯也成了周围人热议的焦点：

他总是想出新鲜的、更好的方式来做事情……如果他认为其他人做事的方式不正确或者不得当，他是不介意捅破那只气球的。

除了比尔·盖茨，我认为没有几个人能做到杰夫这样，既对技术有着深刻的理解，又能将其与精确的战略战术直觉联系起来。

杰夫是那种顽强的，既能开发程序又能做其他事情的少数人。[1]

---

[1]（美）理查德·勃兰特著，马志彦译，《一键下单：杰夫·贝佐斯与亚马逊的崛起》，中信出版社，2013年1月。

1

贝索斯的个性，是顽强、机警、聪明、远见、幽默和苛刻的集合体，而这正是能颠覆行业、改变世界的强大动因。

他是我行我素的：

华尔街一向看重他们聚焦的公司的持续增长，不论是为了巩固各自已有的地位，还是行业属性使然，一家利润良好的公司总能在他们的嘴里摇身一变成"救世英雄"。然而，这对大多数老板奏效的办法在贝索斯这儿失灵了。我行我素的他，绝不理睬那诸般评估，他会用自己的方式证明那些高傲的投资者是错误的。而在公司内部，他也一样"不可理喻"，比如，他让那些高级职员务必养成写工作报告的习惯，目的是培养他们维持清醒头脑和连贯细微的能力。

他是善于颠覆的：

贝索斯是个善于打破传统的人，你总能在找寻世界上最具变革的行业中找到贝索斯的名字。不只是知名报纸、杂志以及电视、广播电台连篇累牍，去看看今天亚马逊上都开辟出了哪些板块你就能一目了然。是的，贝索斯意欲把整个世界翻个"底朝天"。如果我们去买一部Kindle Fire①，或许就能体会到苹果公司为什么开始紧张了。

他是追求完美的：

追求完美的意义，还包括不断完善自己，为社会提供更多资

---

① Kindle Fire，中文名：金读之光，是亚马逊公司于2011年9月28日发布的一款电子书阅读器系列的平板电脑。

源。贝索斯做到了，他甚至把英国小说家狄更斯不断完善作品的特点用在了经商方面。他重视创新，就如乔布斯对创新的理解一样，他们不需要搞让人头疼的市场调查，只是"坐在家里"，绞尽脑汁地挖掘能为用户带来最棒的体验的方式。于是，我们看到，当Amazon Web Services（亚马逊云计算服务，简称AWS）被开发出来后，整个商业似乎都有了大变样。而这儿，恰恰是贝索斯希望将自己的使命无限延伸，直到登顶完美的最佳方式。

他是冷酷、霸道甚至无情的：

大多数出人意表的老板都有这方面的特点。当然，最初，特质带给周围人的或许不是什么良好印象。可到最后，当他们以此创造出神话时，特质就成了他们的符号和周围人最愿意形容他们个性的"词语"。贝索斯是霸道的，比如亚马逊长期都不缴纳消费税，直到得克萨斯州和加利福尼亚州答应提供条件建立新的仓库时他才松口。

……

他来自西雅图，创建了亚马逊，改变了人们的购物方式，颠覆了行业传统……即便发生在他身上的事情再离奇、不可思议，可他终究是人。

"破坏"是对贝索斯的定位，因为他打破了固有的业态，用一种崭新的方式推动着这个世界前行。当然，他并不是救世主，他没有神奇力量，他最初只是个热爱阅读的毛头小子，脑子里常揣着古怪想法。没错，就是这样一个看起来笑容灿烂的家伙，给世界来了一记重拳，让人们久久徘徊在一整片辽阔的"亚马逊领域"。

目录 ——

一

横空出世

1. 拒绝诱惑——告别华尔街

相信你一定知道纽约，它是美国的经济中心，也是世界上最大的城市之一。

我们的故事就从这里说起。

在纽约市的曼哈顿区南部，从百老汇路一直延伸到东河，有一条不起眼的街道，它狭窄、短小，全长仅500多米，但你千万别因此而小瞧了它！美国的摩根财团、"石油大王"洛克菲勒以及杜邦财团等公司的总部都在这里。这还不算，像举世闻名的纽约证券交易所、美国证券交易所、纽约期货交易所等也都一股脑儿地排列在这条街两旁。

没错，你猜对了，它就是华尔街！

有人说，一只南美洲热带雨林中的蝴蝶，偶尔扇动一下翅膀，用不了多久，美国得克萨斯州就会刮起一场龙卷风。

而在华尔街，哪怕是一个极微小的变动，都有可能在全世界范围内掀起一场金融风暴。

如今，"华尔街"一词已经超越了这条街道本身，它主导着整个美国的经济命脉，对全球经济也有着不容忽视的影响力。

但我们现在要说的并不是这条世界上最牛的街道，也不是繁华璀璨的大都市纽约。

真正的主角是一个叫杰夫·贝索斯的男人！

如果你对这个名字陌生，那么，你一定听说过"亚马逊商城"，说不定你还是他的忠实用户。

这座全球最大的网上书店，也是全球经营最成功的电子商务网站，它的创始人正是贝索斯。此外，在故事开始之前，有一点需要交代，这本书不全是贝索斯的生平经历，它渗透出的更多内容，是贝索斯眼下所拥有的这一切是怎么做到的。这一点很关键。

1986年，贝索斯刚刚毕业。作为普林斯顿大学的高才生，贝索斯先后收到了来自英特尔公司和贝尔实验室的邀请函，这对很多应届毕业生而言，是求之不得的好事，然而贝索斯置周围各种"羡慕、嫉妒、恨"的眼光于不顾，毫不犹豫地拒绝了这些诚挚的邀请。

这正是贝索斯的独特之处——目标明确，想做什么，就大胆去做。终其一生，贝索斯似乎从未在什么事情上有过犹疑。若更深入探析，你也可能会了解贝索斯对于诱惑并不着迷。

接下来，更加让人惊诧的是，贝索斯选择了纽约一家刚刚成立的小公司。对于一些信奉"打死都不到小公司就职"的人而言，这是一件非常不可思议的事情，但贝索斯确确实实这样做了。

这家公司的创办者是哥伦比亚大学的几个教授。对于教授来讲，能够选择创业，是一件很难得的事情。在当时，这些在世俗的观念里只会教书的老学究们突发奇想，打算为贸易公司建立一个世界网络，使他们的跨境证券贸易更顺畅。

这无疑是一个非常大胆的设想和举措，尤其是当时电子商务还没有兴起，所以，这几个教授算得上是网上贸易的先驱，第一批吃螃蟹的人。

可是，大众的思维没法一下子转过弯来，甚至对于任何新生事物的出现，都抱有怀疑和批判的眼光。因此，这几个老学究的构想，在当时很多人眼里，说得好听点是"异想天开"，说得难听点，就是扯淡。

但贝索斯却为这样的念头兴奋不已，从普林斯顿大学计算机系毕业的他，很容易认识到网上贸易的优势：它可以以网络为媒介，宣传推广自己的产品和服务。相对于传统贸易而言，它打破了时空限制，买卖双方不需要见面，即可随时随地达成交易。现在，可以解释贝索斯为何拒绝诱惑了。在他看来，看似诱惑，其背后往往隐藏着不可预知的危险和令人裹足不前的因素。相反，那些真正因追随内心而产生的执着，才更契合脑海中萦绕着的理想。

看中网上贸易，或许可以理解成贝索斯后期为亚马逊开疆辟土的重要一步——因为亚马逊是以网络发端的。只是在当时，网络存在一个看似的"弊端"——风险性。但话说回来，在这个一切皆有可能的世界，有什么事情是没有风险的呢？零风险的事情是不存在的！这也是为什么明知"股市有风险，入市须谨慎"，很多人还是会将大把资金投入到股市，即便最终被套牢，依然无怨无悔、屡败屡战的原因。

当然，更重要的一点是，利益总是伴随着风险产生。而商人的一个很重要的特点就是投机，他们精准的商业眼光一旦看准一件事情，就会"一猛子"扎下去，不在商海中赚一笔是不会罢休的。

上帝赐予人类各种天赋，经商也是一种天赋。而贝索斯无疑是天生具备这种商业头脑的人。

刚走出校门的贝索斯，像很多踌躇满志的应届毕业生一样，初到一个公司后，生龙活虎地干活，更看重的是职业前景，对工资基本没啥要求。

贝索斯的老板对他的评价确实很高，称贝索斯是一个超级推销员，身上既有市场推广的潜质，又有出色的市场销售的才能，同时又懂网络知识，正是公司极其需要的复合型人才。

但世事往往就是这样——落花有意，流水无心。

除此之外，对于一个真正的高端人才而言，他们最初的职业生涯都具有极强的不稳定性，他们往往通过频繁的跳槽，来寻找最终的落脚点。

贝索斯这样的"技术大牛"自然也不能免俗，何况他本身就是一个极不安分的人。这一切使贝索斯很快便对手上的工作心灰意冷，可能是觉得这份工作上升空间不大，或者对公司的前景不看好。

总之，贝索斯觉得，这一页该翻过去了。

虽然如此，可贝索斯对这家不大的公司仍心存感激，因为这里是他技术经历的试验田，让他有机会磨砺自我。由此，我们也会了解到，任何一个小平台，实际上都蕴藏着让你日后爆发巨大能量的"引线"，只是有些人善于拉动这条引线引爆自己，而有的人不善这样做罢了。

要跳就"跳高"、"跳远"。1990年，经过慎重的选择之后，贝索斯跳槽到了华尔街一家名为"D.E.Shaw"的公司。这家公司主要从事计算机系统开发。在这里，年轻而富有激情的贝索斯同样受到了赏识，与老板戴维·肖的经营理念也十分一致，两人一拍即合，甚至有相见恨晚之意。在戴维·肖看来，贝索斯虽然只有26岁，却极具企业家的开拓精神。而贝索斯则认为自己的老板很睿智，精于构思。

或许，这就是中国人的观念里所激赏的"棋逢对手，将遇良才"吧！

纽约被人称为"不夜城"，而作为纽约乃至整个美国经济命脉的华尔街，即使到了凌晨时分，街上也不乏匆匆而行的路人。有人说，世上有两种人，一种是普通人，一种是伟人，前者负责繁衍后代，后者负责改写历史。而贝索斯无疑属于后者。在这家小小的公司里，贝索斯展示出了非凡的才华，也让人叹服其明智之选。凭借不俗的业务表现，他很快成为公司的中流砥柱，当很多人还在忙着将自己的领子"洗白"的时候，贝索斯已经为自己的衣领镀上了耀眼的金光，成为华尔街上令人羡慕的"金领"。

在华尔街，向来不乏像贝索斯一样的城市精英，他们每日西装革履，脸上带着自信内敛的笑容，拎着顶级名牌公文包，出入高档写字楼。除此之外，他们最显著的特征还有沉稳和笃定。

亚里士多德说，优秀是一种习惯。这句话放在贝索斯身上再恰当不过，他的表现一贯优秀，在进入这家公司四年之后，贝索斯晋升为副总裁。

这一年，贝索斯30岁，正是意气风发的年纪。

1994年，贝索斯获得了一个千载难逢的机会——所在公司的老板戴维·肖把负责开拓互联网领域新商机的任务交给了他。这对贝索斯而言，是一个全新的挑战。一接到任务，贝索斯便为自己能够再次大展拳脚而兴奋不已。

这确实是一项极具挑战性的工作！因为在当时，电子商务刚刚兴起，站在历史的发端，贝索斯没有任何以往的经验可供借鉴，只得凭着自己的摸索和判断，一步步向前推进。

凭借睿智的头脑和不俗的商业眼光，贝索斯很快便有了自己的想法，觉得图书是最适合在网上销售的产品。当他向老板戴维·肖特提出自己的构想时，却遭到了否定。

在戴维·肖看来，贝索斯的想法太过疯狂而大胆，作为公司的经营者，他更倾向于比较稳妥的方案，倾向于能够为公司带来切实利益的点子。因此，戴维·肖毫不犹豫地否决了贝索斯的想法，毕竟公司不是仅仅为实现员工个人梦想，或者为员工梦想破灭后买单的地方，就这么简单！

在多数情况下，企业难以承载顶尖人才的重量，因为他们很可能会做出看上去十分疯狂而冒险的事情。比如一项计划看起来并不可行，实际上却能为企业赢得巨大利益和难得之机，只是，多数人却受制于经历或胆识的局限，裹足不前，最终难成市场之王。

贝索斯非常理解戴维·肖的拒绝，但这并不意味着他会因此而放弃自己的念头。为了实现在网上销售图书的梦想，贝索斯毅然决定离开D.E.Shaw，离开华尔街，创办一家属于自己的公司。

贝索斯的决定，再一次令所有人惊诧不已。作为财富的象征，华尔街一向是很多野心家的终极梦想，而30岁的贝索斯前途无量，并且深得公司领导器重，他真能舍得抛下这一切吗？

得知贝索斯辞职的念头后，戴维·肖也是极力挽留，但贝索斯去意已决，他说：“我知道等我80岁的时候，我肯定不会遗憾我在1994年年中时放弃了华尔街的奖金。或许那个时候我都记不起来了。但我觉得如果我不参与这个叫作互联网的东西，我后悔的可能性会非常大，因为我对互联网充满了激情。同时我也知道，如果我试了又失败了的话，我不会遗憾的。”[1]

---

① （美）理查德·勃兰特著，马志彦译，《一键下单：杰夫·贝佐斯与亚马逊的崛起》，中信出版社，2013年1月。

弗洛斯特法则认为：在筑墙之前应该知道把什么圈出去，把什么圈进来。古人也有适可而止的箴言，"大智知止，小智惟谋，智有穷而道无尽哉。"懂得哪些可做，哪些可不做，进退自如，集中有限的资源，才有可能基业长青。

显而易见，清楚自己到底想要什么的贝索斯，绝不会屈就于眼下和可预想到的诱惑。其实，他不是不需要诱惑，而是他需要更能激起他对世界衍生新梦想的诱惑。

2. 胆商

小老板靠智商，大老板靠情商，偶像级的登顶老板靠的就是"胆商"了。

创业之初，支起一张桌子、凑几个人就办得风生水起的企业，如今也遍地都是了，多少航母级集团公司的前身都是这样寒酸简陋。

可连企业前期策划都是在车上完成，落脚的地方还是在临时考察的路上确定，如今还发展到全球屈指可数的"教父企业"的，恐怕只有贝索斯这样大胆的商界天才才做得到了。

从华尔街走出来的贝索斯没有多做停留，回到家里，第一步先向毫不知情的亲人们讲了这个颠覆式的创意。当然，确切地说，一直以来贝索斯的做派完全是先斩后奏的"龙卷风模式"——先毁了过去，再在一片废墟上宣告我的到来。这种商业特质让他慢慢变成了行业"异类"，成为真正的"破坏之王"。

如果说作为一个狂热开拓者的妻子，麦肯齐·塔特尔可能早已熟悉了丈夫的各种疯狂举动，这一次，她依旧在贝索斯饱含激情的解释中保持着一如既往的微笑和支持。即使丈夫的脸上也浮现出一丝很难见到的惆怅，并告诉她，创业有风险，我们的未来充满了不确定性。但是，又有什么关系呢？

成功的男人各有不同的荣光，背后的女人却基本都是一片深邃广博的海洋，承担得起自己生命的重量，也托得起一个疯狂的丈夫所有被世人不屑的梦想。

除了妻子，贝索斯的父母也毫不吝啬自己对儿子的支持。虽然他们不知互联网为何物，更不知电子商务比起闹市区琳琅满目的超市究竟有何好处，但他们在贝索斯提出缺少启动资金时，依旧拿出30万美元的养老金给予支持。只因为他们相信自己的儿子，这个从小就爱搞破坏但满脑袋创意的聪明小子。

有些人创业，也许需要漫长的考察与详尽的计划，有些人连公司选址都要观察个数月，百般思量才敢拍板定夺，可贝索斯的创业前期筹备，就完成在一段并不算长的路上。开始于一个匆忙的电话，决定于一辆毫不起眼的旧汽车喑哑的熄火声中。

或许，这就应该是一个胆商必有的行为。那些真正乐于颠覆行业传统规则的人，总会出人意料有些奇怪的举动，而世人却往往只能用"疯狂"、"鲁莽"这类字眼儿解释他们的行为。但事实上，他们的每一项决定都是深思熟虑的结果，他们可能冒进，但那是缜密思虑下的必行之举。而充满智慧的"冒险之旅"，总是令人期待。

确定项目时，贝索斯果断出击，锁定图书行业；筹措资金时，他更是雷厉风行，很快便从投资者那里获得了较为充足的资本，他知道自己想要什么，这可能也是他胆识过人的基础。

科罗拉多州、俄勒冈州和华盛顿州成为贝索斯看中的地方，他想在三者中选一个，最终，他选定了西雅图所在的华盛顿州，技术人才云集的西雅图正符合贝索斯这个大胆天才的心意。

简单、高效，这样的初创风格不仅让贝索斯迅速扎下根基，也为他日后的成功奠定了基础。

初到西雅图，贝索斯最关心的不是住处是否安逸，而是让他望眼欲穿的投资者那鼓囊囊的腰包。家具都没搬进简陋的新家，贝索斯就已经带着聘来的四个助手开始在车库里支起办公桌编起软件来。

不过，寒酸的车库自然不能迎接八方来客，贝索斯煞费苦心，选择了附近书店的咖啡屋当作新公司的会客室，正好合了那些出版商和投资商们的胃口。

而这里，不仅留下那些一脸精明的投资人的身影，还有很多亚马逊的元老们——最先来亚马逊求职的面试者们紧张的面孔。他们小心翼翼地回答着眼前这个满目睿智光芒的人一个个刁钻的问题，也许那时的他们还只是为了老婆、孩子的"面包"才来碰碰运气，却不知留下来的在几年间就变成了改变人们购物方式的一分子。

亚马逊诞生在一座破旧的三层小楼里，这里曾是一家军人医院，到处还弥漫着消毒水的气味。贝索斯便选择了这里，并将自己的公司取名亚马逊，他希望这个公司如世界上最大的河流般源远流长，席卷被传统沙石覆盖的土地。

第一个"吃螃蟹"的人，在品尝美味时，总会承受他人异样的眼神。当然，更重要的是"吃"的人要有十足的胆量。贝索斯把图书跟网络结合在一起，这事儿乍听起来似乎不怎么靠谱，但他却有胆一试。就如他曾说的那样，他不会为当初离开华尔街而后悔，却会为没能抓住互联网迅猛发展的大好机遇而后悔。

办公室简陋、资金匮乏、技术也不见得顶尖，但贝索斯信心十足，极具胆识，他心里早就盘算好怎么推动亚马逊前进了。

与初创时看上去仿佛草率焦急的速率不同，真的开始经营公司后，贝索斯对待自己的产品却有着超常的耐心。他用一年时间建设网站和数据库，又用三个月时间来做软件测试，谨慎程度可见一斑。

终于，1995年7月，一个虚拟的商务平台在众多非议声中，拓土破冰般正式呈现在世人面前。

就像那句霸气外露的广告词所说，"我能经得住多大诋毁，就能担得起多少赞美"。每一个品尝新领域"螃蟹"的人都会在质疑声中找到真正的自己，然后脚踏实地地走下去，迎接鲜花与掌声。

新生事物亚马逊的诞生更是在传统图书出版业和发行业中掀起轩然大波。

其中受到冲击最大也是竞争力最强的，要数传统图书销售巨头巴诺书店。但是，相形见绌的存书量及缓慢、低效的搜索方式，似乎一开始就已经让巴诺书店甘拜下风：巴诺书店最多可存储25万种不同书目，亚马逊的存书量却可以是他的10倍；巴诺书店一年库存更新不过三四次，亚马逊却可以达到150次……虚拟平台的相对自由，让全世界的人看到了科技变革的神奇力量。

但是，仅靠这些，贝索斯并无十足的把握能成为全球电商行业的领头羊。这时，最重要的就是他那非凡的胆略，它就像航船的舵，引领贝索斯开拓别人不敢涉足的航线。

作为商人，贝索斯对一分一毫的成本都很苛刻，对顾客却大方得让人瞠目结舌——亚马逊天天都有折扣促销，力度之大，持续之久，都让摸不着头脑的竞争对手和尽享其利笑得合不拢嘴的顾客有些难以理解。

对于传统图书销售业而言，亚马逊这么薄利的进军方式几乎是颠覆式的入侵。由于成本低廉，亚马逊卖书的价格也很低廉，并深受大众追捧。

毫不起眼的利润让人们对这个新兴事物充满好奇，当然，其中也少不了鄙夷。

正是这个大胆的销售方式，日后却发展迅猛，恰恰证实了贝索斯长远的眼光谋略。

贝索斯带来的革新不仅是成本的降低，还有让人耳目一新的宣传方式。正如现在众多网络推广方式的普及，其鼻祖都可以追溯到贝索斯。

当初，贝索斯通过众多"委托机构"，在其网站上为大众推荐亚马逊的书籍。如果有访客在委托网站上点击购买推荐书籍后，这些"推广商"便可以向亚马逊抽取佣金，形式类似于如今的网站广告投放。对于爆炸式兴起的互联网来说，这样的方式在最短的时间内便换来难以想象的关注数量。

再看如今各种社区网络的普及和走红，却很少有人知道，这种模式的开创者也是满脑袋古怪思想的贝索斯。他协助定义了一个日日更新的互联网社区并提供"读者书评"和"续写小说"的服务。该项创新为如今很多网站模式奠定了基础，其影响渗透于网络各处。

于是，贝索斯凭借高超的智慧、坚定的信心和过人的胆识，总能牢牢抓住每一次机会，当机立断实施自己的想法。

那些曾经嘲笑过他的人，看着稳步上升的亚马逊股票，顿时也都傻了眼。从前的诋毁烟消云散。

如果说贝索斯收获的成功是突然降临的，这恐怕并不准确，毕竟一个仅靠上苍恩赐福泽的人，是不具备变更法则的特质的。过人的胆识，让贝索斯在创业之初就领先了同行，这也是今日商业中大多数人缺乏的，因为他们总等待着他人尝到了"螃蟹"的味道后，才敢一拥而上。

纵览中国的企业家，尤其是改革开放初期那些创业精英们，他们也无疑有谋略高人一等的"胆商"。以海尔集团创始人张瑞敏为例，他那超人之举——大锤砸冰箱，牵动着多少中国的企业先行者。显然，这是一种内含更多诚信经营、良心经营的胆略之举，而他的大胆之举，也的确让海尔逐渐跻身于中国知名企业之列。

由此可见，有谋略、有眼光、不畏难、不退缩，总能坚持住自己的选择，且能窥得机会，而后一骑绝尘，这的确是企业家应该具有的一种"商"的符号，此是为"胆商"。

3. 被质疑的实干家

贝索斯的智慧和破坏力，很快便摧毁了很多人维系了几十年的生活习惯。他们好奇地看着电脑上一个叫亚马逊的购物网站、浏览着琳琅满目的商品，轻轻一点鼠标，便能买到自己想要的东西，这一切，是多么惬意。

此时的贝索斯，沉默的时候依旧带着友好谦虚的笑容，但一张口，又是举座皆惊的"天才范"。

他曾在斯坦福大学演讲时说："亚马逊将成为一家电子商务企业的孵化器，我们的目标是利用更低廉的价格并在较之全球其他企业更短的时间之内帮助其成立电子商务公司。"[①]

对于如此"大言不惭"的贝索斯，人们不禁有了疑问：这个创业青年，到底有几分靠谱？

很快，变幻莫测的市场给了答案——"互联网泡沫"随着更多"逐利者"的"野蛮"加入而趋于破灭，亚马逊的股票自然也首当其冲，玩起了"过山车"。

当然，同样被狠狠拍中脑门的还有处于"互联网泡沫"中参差

---

① 《亚马逊如何让赢利》，《中国企业家》，2011年10月。

不齐的企业们，它们都在"互联网泡沫"中还未来得及穿好泳衣，就"被裸泳"了。

于是，无数大大小小想跟着昔日光鲜的成功者——贝索斯淘金的人们都纷纷"缴了械"，带着一身狼狈的泥水，灰头土脸地跑出场外。

而一直以"颠覆狂人"身份出现的贝索斯在此之前，除了让所有人汗颜的"自身定位"，还在一直"尽善尽美"地塑造着其"狂妄者"的形象——亚马逊一直在惊人的扩张之中，将传统图书经营方式打击得七零八落，不但将"穷寇"追到"末路"，还要把更多传统经营者纳入敌人名单——他已将巨大的破坏力延伸到除书籍外其他方面的网络购物平台。

如，1998年3月，亚马逊创立了儿童书店；6月，亚马逊将触角伸向音乐商店；10月，亚马逊将目光转向欧洲大陆市场；11月，其产品领域增加了录像带与其他礼品；1999年上半年，贝索斯甚至开始投资与此前业务并非相关的线上药店、宠物网站和家庭用品网站，并成立了网络拍卖站……

他毫不掩饰自己在传统商业模式威胁下的顽劣不恭，2000年1月，贝索斯为奠定其"教父"地位，迈出了具有巨大影响力的一步——与快运公司达成合作协议，用投入6000万美元的壮举让用户在一小时之内就能搜到自己订购的商品——此举一出，亚马逊的客户突破了1500万。亚马逊也完成了从网上书店向网上零售商的转变。

5年时间，在商界中够一批人倒下，也够一个神话酝酿。

1995年7月，一颗在其他人眼中会长成一朵奇葩的种子萌了芽；2000年1月，这棵小苗挤掉了身边曾经的大树们，带着胜利者的微笑傲然长成一棵参天大树。5年时间，亚马逊由亏损到市值达210亿美元，这个数额是传统书籍营销巨头巴诺书店的8倍。这种傲然逆袭，摧毁的不仅是几个前辈，更是一个旧时代。

但是，突如其来的市场反弹也让贝索斯吃过苦头。在贝索斯信心十足地自诩为电商"孵化器"不到一年的时间，他的投资人便纷纷对其不客气地质疑——我们想要的切切实实的利润究竟在哪里？

这时的贝索斯无疑成了众矢之的，投资者们本热盼着他能如当初"圈钱"那般迅速回钱，却不想一切竟如同水中捞月。确实，贝索斯这段时间仿佛只顾将摊子铺开，前期"烧钱"般的投入让投资人及合作伙伴看得心惊胆战，他们手里除了一些"空头支票"外，并没得到什么实在的好处。人们虽然看到了电商的未来趋势，但是人类总是对自己未知的、不可掌控的领域充满恐惧和怀疑，甚至还有难以摆脱的悲观。业界分析家甚至已经警告，至少到2003年，亚马逊赚钱还只是一个梦想。

有人开始追本溯源，否定亚马逊这个新生的"怪物"。他们叫嚣道，贝索斯其实从一开始就是在凭借天花乱坠、巧舌如簧的"大话空话"来描绘一个根本不能实现的愿景，大家的信任导致他肆无忌惮地征敛到他所需的经济支持，而这些资金的庇佑，对一个新生事物来说可谓是其性命攸关的根本。

可对投资者而言，他们看到了飞速增长的顾客群体，看到了新的购物方式，看到了亚马逊曾有过的辉煌，唯独难以见到的，是自己应从投入中得到的分红。

贝索斯是天生的演讲家，口才一流，但注重实干的他也因此被看成了"吹牛大王"。亚马逊的模式尚可、顾客满意度尚可，就是"圈钱"的本事不敢恭维。在当时那个电子商务尚不发达的年月——或者说，还在试水的阶段，一点纰漏也会让投资者们望风而逃。这下，贝索斯该怎么办？

对贝索斯来说，从创办亚马逊开始，他缺的便是资金。如今，他凭借三寸不烂之舌，招揽来许许多多投资者、合作人，但他还是缺资金——新事物的孕育乃至第一家电商的孵化，靠的就是"大手笔"的投入来支撑它的成长与成熟。

当然，这些自然很难有人会懂。不像十几年后的今天，哪怕只在亚马逊、淘宝等网上商城中买过几次东西的人，都可以拍着胸脯大谈特谈电商的起源和发展。

难道贝索斯这次真的"吹大"了？

他无时无刻地扩张的业务，瞬息万变的创意手段，一丝不苟的服务理念，都靠那些还算胆大的投资者投入进来的资金来支撑。但是，即使他面对质疑没有多解释，只是告诉投资者，我给你的是长期回报，相信我，就得耐得住寂寞——"人们满怀激情地相信互联网和电子商务的未来，因此他们也多多少少是带着这种信仰来投资的。我们确信，一味专注于短期的利润。肯定是一个大错误，我们当然必须关注长期的利润。"[1] 这就是一个看上去超脱时宜的贝索斯，在伴随着互联网兴起而井喷式爆发的"挣快钱"时代，他偏偏就沉得住气，选择了一条异常艰难的长远之路。

而他的举动，也结结实实地给那些一心渴望将投入企业的资本以闪电般的速度捞回来的投资者们上了一课：投资不是投机，要获得大收益，就要有做长线投资的准备，要对所投行业及企业产生信心，否则，莫不如干脆别去碰投资这根神经。

---

① 徐欣，《88位世界富豪的成长记录》，中国戏剧出版社，2004年11月。

当然，投资者们更需要企业将资金合理利用，从而让他们获得高额的分红收益。所以他们有所担忧也无可厚非。从这个角度看，贝索斯无疑是个幸运儿，他和亚马逊没在互联网迎来新转机之前倒下去，而是坚强地活了下来。

事实上，企业与资本似乎天生就是个矛盾体。企业希望谋得更大的发展便利和动力，便期待巨额资本介入，以此填补发展的空白；而资本自然谋得的是"日进斗金"，付出即有回报，于是，不少资本在企业中的运转并不踏实，因为投资者渴望赢利，哪怕是一点利益，只要获得后他们就可能转身离开。

投资人所要承担的风险与企业一样大。选定投资，便是选定企业经营者的眼光和一切决策，企业经营者也应抱有为投资人资本负责的心态，如此两相照应，企业和资本都将大获裨益。

2002年下半年，互联网的"泡沫危机"逐渐平复，真正挺过来的，不是那些挣快钱的好手们，而是亚马逊这样稳扎稳打的"磐石企业"。

度过了这次危机后，贝索斯自称低估了电子商务的力量："我们最初的商业计划，预期在2001年实现7 000万美元的销售收入，和400万美元的运营利润。"[1] 但是，真正实现的收入及利润，早已远远超出他的想象。就连不被看好的2001年，其收入也已达到最初预期的42倍。

经历了暴风雨的洗礼，众人才真的看清，能挺下来走下去的，还真是贝索斯这样看上去轻狂实则稳扎稳打的"怪才"。他们这才逐渐愿意臣服在这样的颠覆之中。

---

[1]《最新历史版本：杰夫·贝索斯》，《北京青年报》，2002年1月28日。

　　贝索斯也曾自豪而又真诚地向大众，更是向那些仿佛坐过山车般的股东们表述衷情："我对亚马逊仍然很有信心。我获得了我梦想中的职业。与人们想象的不同，在我们前面将有更多创新。我们现在可能只造出了DC-3飞机①，DC-9飞机②的设计图和喷气机引擎还没有问世。我对未来还有很多创新感到很兴奋。现在比我们创业时有趣多了。人们不相信的是，即使两年前的网络业失败也让我感到有趣。要喜欢这种事简直比戒掉毒瘾还难，但是我确实喜欢。我们坚信我们的长期潜力，我们希望把亚马逊发展成一家网络公司，这就是向股东证明公司长期价值的方法。"③

　　《时代》周刊主编沃尔特·艾萨克森，对经历了此次危机的亚马逊似乎做出了比较可观的评价："亚马逊没有利润以及整个公司或许是个大泡沫本身也成了网络致富故事的一部分，亚马逊首席执行官贝索斯是那些数以万计的公司名称后面'带点的'、没有赚钱却有很高市值的网络公司的象征……贝索斯是这样一个角色，他不仅改变了我们现有的行事方法，而且帮助我们铺就了通向未来的道路。"④

　　诚如此言，这一次，以改变甚至颠覆世界为己任的贝索斯，又一次用处事不惊的泰然与自信证明了自己。更关键的是，亚马逊从一开始，就不是钱烧出来的公司，它是贝索斯脚踏实地的产物，否则在互联网泡沫破灭的巨大冲击下，它缘何能全身而退并一鸣惊人呢？

---

① DC-3飞机，美国道格拉斯飞机公司（后来合并为麦克唐纳·道格拉斯公司）在20世纪30年代研发的飞机。

② DC-9飞机，美国道格拉斯飞机公司在20世纪60年代研发的一种中短程民航客机。

③《专访贝索斯：亚马逊下一场战争在哪？》，《商业周刊》。

④《它可能引爆新一次革命》，《中国信息报》，2001年1月5日。

4. 隐忍与坚持

大家应该不会忘记，贝索斯的事业起步于一个简陋的车库，成长在附近书店的咖啡馆里。

说来也颇具讽刺意味，当年助贝索斯一臂之力的咖啡馆，正位于日后被亚马逊抢得巨大市场份额的老对头巴诺书店里。

说起书店内设有咖啡馆的营销模式，巴诺书店在当时可谓是紧跟风潮。书香伴着咖啡香，没有哪一个顾客不沉沦其中的。

可就有这样一个家伙，带着清醒的头脑和狡猾的笑容，穿着一身便装天天踱步来到这里，煞有介事地喝着咖啡，捧一本不痛不痒的书，耐心等待着自己的"猎物"——也许说是"财神"更为恰当。可恶的是，他享受着巴诺书店的温馨服务，却和别人谈的是如何摧毁这样的传统书商。

可是，商业面前不谈仁慈。更何况一个善于破坏旧秩序的贝索斯，怎么会被区区几杯咖啡、几本好书收买？

于是，巴诺书店的服务员们会看到这个笑起来还有几分温柔的年轻人，总是坐在店内一个不起眼的角落，静静地等待着。等到来客一到，他便立即变了个人似的，神采飞扬、手舞足蹈，说至兴处按捺不住的高声调甚至引来旁人侧目。

别人觉得他很有活力，却也看得出他是个不知天高地厚的家伙。一些男服务员看到他口若悬河的样子愤愤地想：他好可爱，尤其双眼放光的时候。好多女服务员会把托盘碰到胸前，躲在角落里悄悄红着脸打量那个神秘的年轻人。

他们很难认出这个有些奇怪的家伙，根本无法洞悉他身上具有的潜在能量。这个看上去毫不靠谱的年轻人，便是日后让人们可以在网上轻松购物的人。

就在这样一个地方，一群资深投资者和成熟企业家，都在好奇或者毫无耐心地听着眼前这个看上去完全沉浸于自身幻想里的青年男子很有激情地构建一个宏伟蓝图——可对于他们来说，这个构想实在是太过刺激，甚至在他们中有些人看来，简直就是不可理喻的痴心妄想。

可贝索斯根本不会在意这些人是否听得懂他那些陌生的设想——他知道，自己所描述的不仅是他一个人的梦想，更是一代人的希望。

他自信的气度，高亢的激情，缜密的分析都给受邀来访者留下了深刻的印象，甚至一时间也忽略了他们的办公地点竟然只是一间车库的事实。

可是，大多数人还是对贝索斯娓娓道来的商业模式嗤之以鼻。

没有身先士卒者，没有成功案例，甚至连门槛都没有——也就是说，眼前这个看上去上翘着嘴角、还带着几分稚气的年轻人，正在信誓旦旦地要开创一个行业。甚至用他那不着边际的想象来看，他还要改变世界。

多么轻狂而又可笑，他甚至连个像样的公司都没有！只是坐在他面前的大佬们为了保持涵养，都紧锁眉头，强忍住不耐烦，听着这个"疯子"的"疯言疯语"。

不知这么多年以后，看着亚马逊独据书类电商营销霸主之位的灿然荣誉，当年那些放弃听信"痴言"而今在亚马逊脚下有些甚至只是蝼蚁大小的大佬们，如今作何感想？

但是，那时咖啡馆轻柔的蓝调音乐中，并不明亮的灯光里，眼前那张因激动而涨红了脸的贝索斯，看上去除了煽动力外，并无其他特别引人之处。

那时候，一身风尘仆仆的贝索斯，企图给这个传统的时代一个新的定义，但是相信他的人实在是少之又少。

1997年，上市的亚马逊已不再靠对手的咖啡馆推销自己的模式了。此时，全世界的人都可以信任他、支持他，只需把手里的钱安心换成股票即是对他的信任和支持。

从一开始，贝索斯就在颠覆大家的想象，因此，募股这件事，他自然又别出心裁地让众人大跌眼镜。

那时，亚马逊选择的首次募股投资银行，是一家不见经传的名为DMG Technology Group的投资公司。要知道，初入股市，谁不愿意攀个高枝树讨个好彩头，可贝索斯偏偏不。

无论是充满贵族气息的摩根士丹利，还是傲然的高盛，在亚马逊这家飞速发展的新公司面前都靠边站，而同样具有传奇色彩的硅谷银行家Frank Quattrone却入了贝索斯的法眼——谁不会说这也是英雄惺惺相惜的结果呢？

Framk Quattrone刚离开摩根士丹利硕大的树荫而转投到一家名叫DMG Technology Group的投资公司，那时候，他如最开始的贝索斯一样，怀揣梦想，告别风光的华尔街，只为寻求自己。与之匹配的是，同样由一个疯狂梦想支撑的亚马逊成了他做的首个大项目。

而伴随着亚马逊的诞生与成长的，还有很多一直拒绝看好其发展的投资者，他们在等着看自己的预言实现，可"调皮"的贝索斯却偏偏不肯给他们机会。

电商入门门槛之低，让很多人不屑。甚至1999年，曾著《世界是平的》一书的托马斯·弗里德曼便在《纽约时报》专栏中断言道："亚马逊注定是失败的，别人在卧室里都能再建一个亚马逊。"①

尤其是2000年，亚马逊第四季度亏损超过5亿美元，公司负债高达21亿美元。

当时，曾与贝索斯呼吸过同一条街上高贵的空气的华尔街分析师，终于得到机会颐指气使地指着贝索斯的鼻子向旁人证实道：看，我们说这个家伙是吹牛高手，这样冒险的品类扩张，简直就是在找死！

更有专业分析师仰着脸，用鼻孔冲着在黑暗中踽踽前行的亚马逊，警告投资者不要购买这个疯狂企业的股票，甚至暗示亚马逊即将面临破产或被收购。

具有讽刺意味的是，华尔街投资银行雷曼兄弟的债券分析师拉维·苏里亚认为，"亚马逊由于资金短缺，很可能撑不到年底，该公司债务和成本增加的速度，大大超过了资产累积的速度。"② 而雷曼兄弟如今已经破产，他所断言寿命不长的亚马逊却神采奕奕地参加了他的"葬礼"。

但是，被自己放弃的华尔街陆续传出的负面评估，还是让亚马逊的股价玩起"蹦极"，一年间由75美元跌至10美元。

---

① 《亚马逊的进化》，《环球企业家》，2011年4月。

② 《不可复制的亚马逊：吞噬世界的怪物》，《IT时代周刊》，2012年3月。

因此，贝索斯在当年写给股东的信中，他带着顽皮的微笑写下这样一句话："哎哟，这是资本市场残酷的一年。"①

贝索斯一直崇尚金融大师本杰明·格雷厄姆的名言："从短期看，股市是投票机，但从长远看，股市是称重机。"② 他相信，当年咖啡馆里走马观花般在身边擦肩而过的大佬们，终将在不远的未来带着或惊讶或惭愧的面容，仰望着自己的到来。

就像浓重的咖啡香气一样，贝索斯沉稳的脚步将成功一点点沉淀下来，把所有曾经坐在咖啡桌另一边不屑的面容打了一记响亮的"耳光"。

在贝索斯的英明决断下，当时正着力于构建自己的仓储运输体系的亚马逊暂停了向欧洲和亚洲扩张的计划，但是在此时，亚马逊的网上商品仓库与配送中心早已遍布日本、德国、英国及法国。

恰恰是这一招险中求胜，亚马逊没有重蹈其他互联网公司的覆辙。在2001年1月至9月这段哀鸿遍野的时期，美国便有三十余家大公司因超过10亿美元的负债额而破产，比1989年经济危机还要惨烈。

许多年后，贝索斯忙里偷闲再次路过昔日自己驻扎许久的巴诺书店门前时，看着门口进进出出、形形色色的人们，总会想起当年坐在氤氲的咖啡香气中亢奋的样子和对面表情僵硬的聆听者的面容。

也许正是从那时起，他学会了隐忍，更学会了坚持。

曾经桌子那边乃至整条华尔街对他的质疑打不倒他，投资者的不信任和分析家们的刻薄也打不倒他，因为他是为了颠覆而来，需要他做的便是如数接受这些指责猜忌，然后用自己的智慧推翻这些妄加的评论。

---

① 《亚马逊的三个顾客》，《IT经理世界》，2011年4月。
② 《杰夫·贝索斯：互联网下一任帮主？》，《21世纪经济报道》，2012年5月8日。

2001年第四季度，亚马逊实现首次赢利，纯利润已经达到500万美元。

贝索斯与亚马逊，摧毁的不仅是传统的生活方式，更是人们陈旧的思维方式，也拓宽了无数投资人的眼界。只是，这个过程似乎残酷了一些，它要求贝索斯义无反顾，对自己的每项决策都不能有半点怀疑。甚至于这更像是一场赌局，贝索斯把自己作为赌资，与这个时代博弈。到底是看运气还是看实力，围观者大抵是一目了然的。

若只把贝索斯的成功看成坚持，显然是偏见，他更懂得积蓄力量，在一切未知的挑战和机遇到来之前，做好准备。

5. 主营图书：窥见市场盲点

　　1994年，刚到而立之年的贝索斯，在老板戴维·肖的授意下，开始研究互联网。

　　如果不是那次带有一定宿命意味的网上冲浪，也许他会继续安稳的做一个超级"金领"，又或者他会把巨大的破坏效应带到"倒霉"的金融界——但是，他偏偏与图书结了缘。

　　那一天也许有明媚的阳光，也许只是一个布满阴霾的雨天，但这一切都吸引不了贝索斯的目光——他的关注点始终落在互联网上——"互联网使用人数每年以2 300%的速度增长"[①] 这一事实令他兴奋不已。

　　一向对数字颇为敏感的贝索斯想到在西雅图已生根发芽的微软公司，不禁心生向往。那时逐渐趋于安稳的生活让他按捺已久的"颠覆欲"无处安置，这不，一条疯狂的道路便呈现在眼前，向他风情万种地招着极具诱惑力的纤纤细手。

　　有些人有了这个闪电般的创业念头也许会兴奋不已，可是又很快会忘掉这个稍纵即逝的梦想，继续过庸庸碌碌的日子；有些人

---

① 李欣，曾文华编，《电子商务应用》，化学工业出版社，2009年8月。

会大张旗鼓开了头，却不是战略失误就是吃不了苦，到头来半途而废。可有些人似乎天生便是上帝重新派到人间的使者，为开创一个时代而来。

就如实干派的贝索斯，有了这个想法后立即列出了二十余种商品，通过缜密的筛选，将目标锁定为书籍和音乐制品。最后，一向热爱阅读的他决定将书籍纳为首选。

这个结论也并非一时兴起，贝索斯的考虑的确十分周密：

首先，贝索斯将销售的产品定位于市面常见大众熟知的种类。

其次，需要具有潜在的巨大市场需求。20世纪90年代中期，美国一个消费者平均每年在图书上的开销是79美元，作为出版大国的美国具有130万余种的图书种类，该行业年销售额达到2 600亿美元，而市场空间还很大。因为市场上两家最为强劲的对手——大型连锁书店巴诺书店和Borders，也只是共同占据25%的市场份额，其他独立书店覆盖了21%的市场，剩下的销售渠道在超市、读书会以及邮购等方面。

再次，货源方面，当时整个图书的空白点几乎都已被Ingram Book Group和Baker & Taylor两家图书经销商占有，他们同时成为小型的独立书店的衣食父母。他们在美国具有布局广泛的仓库，并有40万部图书的出货量支撑销售，并且两家经销商还采用了ISBN（国际标准书号）编号来建立电子图书数据库，使得图书检索变得更为方便，故此贝索斯能直接奉行"拿来主义"，真是坐享渔翁之利。

最后，因为网络书店省去了实体书店店面租金成本，贝索斯可以将节省下来的费用大力投入到促销活动之中，这也是亚马逊得以生存壮大的重要原因之一。

在决定干这件事之前，贝索斯早就在心里打好了算盘，说他不打无把握之仗丝毫没有夸张的成分。反倒是今日的绝大多数创业者，应该好好在贝索斯身上挖到启迪新思维的智慧，那或许未必一下就让你开窍，但会让你少走弯路。

延伸来说，对于市场盲点的寻找和把握，往往成为在某一领域决胜的关键点之一。那么，何为市场盲点呢？其实很简单：

第一，看市场。

这就要说到创新了。当年乔布斯推出iPhone（苹果手机）之前，手机市场似乎没有什么新的利润点，似乎大家都在翻版又翻版，直到多点触控技术在手机上应用，这一市场才再度鲜活起来。因此，看市场，其实就是在玩创新。

第二，看用户。

用户需求决定市场走向，故此，必要的调研不可或缺。当然，有些企业对于调研并不在乎。乔布斯曾在接受采访时说过这样两句话："人们不知道想要什么，直到你把它摆在他们面前"；"贝尔在发明电话之前做过任何调研吗？"[1]

把最好的东西呈现给用户，要比迷信调研更实际。当然，未必所有人都能如乔布斯那样，脑子里尽是堪称完美的想法。对于大部分企业而言，适当的调研有助于企业发散自身实力及找到新的切入点。关于调研，做到对把握用户需求有利就可以了。

第三，看同行。

这不是告诉你去模仿。中国大部分企业在这方面似乎总是陷入僵局，把模仿当成创新。事实上，同行的举动总会有疏漏，而那个

---

[1]（美）沃尔特·艾萨克森著，管延圻等译，《史蒂夫·乔布斯传》，中信出版社，2011年10月。

被忽视的点才是你要抓住的。就像贝索斯一样，做图书的太多了，可他们为何没想到在网上试一试？

找市场盲点是个技术活，自然不限于以上三点，其中细节，还需企业自身细细揣摩。从贝索斯的角度看，至少这三点他都曾考虑到，否则，今天这个几乎要吞噬世界的亚马逊，也就没那么令人膜拜了。

事实上，亚马逊的魅力就在于在这个虚拟商城中，每一本书不仅属于某个书店的顾客，不仅属于某个城市的阅读爱好者，而是属于全世界渴望阅读好书的人。只要拥有一台可以上网的电脑，曾经让你在书店中眼花缭乱的书目就会瞬间清晰起来。那古老的复杂查阅方式，在这样简洁立体的画面前顿时失去了吸引力。

贝索斯所找到的市场盲点，可以逐步发散出一个庞大的系统脉络，从阅读到点评，再到互动……他成功地以图书为切入点，让人们的阅读方式发生了大变样。

从古老的竹木简牍，到毛糙的羊皮纸，再到一本本带着厚重封皮的古老辞典，书籍阅读由繁至简，其中需要多少岁月的雕琢，多少智慧的篆刻，最终到了贝索斯手中，甚至连拿在手中的真实感都要被省略了。

这便是一次让人兴奋的颠覆浪潮。

同样是销售图书，贝索斯从一开始就向大家淋漓尽致地展现了网络购书的好处——置身亚马逊，曾经烦冗静止于层层目不暇接的书架上的书籍，真的如亚马逊河一般动态地从眼前呼啸而过，而你要做的只需在这适当的流速中挑选到你最想要的那一滴。

1995年7月16日，亚马逊网站萌芽之时，一天只能接十来个订单。为了将用户由线下吸引到线上，亚马逊把图书也卖出花样来：

贝索斯先使出最拿手的制胜法宝——折扣与低价。亚马逊将30万部图书全部以10%的折扣销售，第一周便大获全胜，收到了价值1.2万美元的订单，第二周更是接到价值1.5万美元的订单。就这样一招制敌，大型连锁书店碍于高昂的成本费用，只能看着亚马逊爆发式地发展。

然后，贝索斯紧抓顾客心理，在网站上添加又增加了一些特色：即根据购买记录进行相关推荐、鼓励用户贡献书评，以及用户互评等互动方式，拉近作者与读者的距离，让他们可以直接在线交流。这一步高棋使亚马逊广泛吸纳图书爱好者，成了聚集了书友、作家的互动社区，为网站带来可观的点击率。

让大家尤其不解的是，设立书评倒也体现人性化，可把负面评价也赤裸裸地放在页面上，这种做法岂不是搬起石头砸自己的脚？

但，后来的事实证明，贝索斯的此举为吸引客户、形象塑造等方面打下坚实基础。通过设置推荐系统、搭建社交平台等营销手段，贝索斯赢得了良好的口碑，亚马逊也在口口相传中日益强大起来。

此外，亚马逊的奖励手段也毫不吝啬。为了鼓励UGC[①]和社交氛围，亚马逊连续六周，对当周最佳选篇作者赠送最低1 000美元最高10万美元的奖金。不仅吸引了购买者的眼球，还引来更多文人墨客为其泼墨壮大声势。

可以说，亚马逊对用户需求的把握程度之到位，让实体书店感到汗颜。贝索斯把这件看上去烦琐无味的事做得如此风生水起，当众人提到新秀亚马逊时，总会有年轻人情不自禁地赞叹道："It's cool（它很酷）。"

---

① UGC，互联网术语，全称为User Generated Content，用户生成内容之意。

而后不甘于只做图书"二道贩"的贝索斯，又颠覆性地推出电子书出版业务，使作者通过网络平台在线出版成为可能，让被波及的传统出版业商家们不禁以泪洗面——贝索斯所到之处，总会有顾客欢喜商家忧的对比局面。

就这样，贝索斯玩转了图书网上销售、出版等一系列流水线环节。若从另一个角度看，贝索斯做的并不是图书，而是阅读，他没有致力于去变更图书的内容，而是打破了限制，改变了阅读方式。这一创举，让这个从华尔街跳出来的家伙一战成名。

找到市场盲点，企业便不会因后续力不足而踟蹰不前。原因在哪里？就在于企业接下来所要经营的不只是一个单品，极可能因而打造出一个令人瞠目结舌的产业格局，进而重塑行业广度。显然，这对于今日挣扎在生存边缘的众多中国企业而言，是个不错的提醒。

二

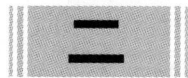

电商大亨的崛起之路

1. 模式确立是关键

当两个木梳推销员跋涉已久终于进入深山，却只看到古寺中袅袅香雾时，一个推销员彻底绝望了。

他沮丧的声音在木鱼声中倍现浮躁："这里只有不长头发的和尚，让我们在这里推销，简直就是天下最大的滑稽之事！"说着他愤愤地离开了，只留下若有所思的同伴站在庙门旁。

数月后，当第一个推销员无意中又一次来到这座门前，突然发现从这里走出的香客手中都拿着自己公司出产的梳子。他十分惊讶，询问僧人才知，自己的同伴当初选择进入寺中，告诉住持来往香客多风尘仆仆才能找到这个寺庙，而其虔诚可赞，不如多购些梳子放在香案前，供敬香者梳理发上凡尘，也略表寺院心意。

住持欣然答应，便有了如今的场面。这个推销员闻状不禁后悔不已——多一份坚持，换一种角度，成功便近在咫尺。

事实上，这个故事背后传递出的更重要的因素是：推销模式。从企业角度说，就叫商业模式，或者赢利模式。它是企业经营的核心，优秀的企业都有一个简单且有效的赢利办法，它是赢得巨大商业利益的关键所在。

贝索斯的亚马逊就如第二个推销员一样，其成功地把看似的不可能变成了可能。而早期那些并不熟悉B2C（商家对顾客的营销）商业模式的大多数人，则做了第一个推销员，带着满脑袋的"不可能"与机会失之交臂。

这便是贝索斯的智慧所在。他不仅成功向"和尚"卖出了"梳子"，还让所有香客口口相传，让更多人接受了他的产品，这意味着，亚马逊一开始的颠覆模式，在无数考验中被证实了其正确性和前瞻性。

一直以来，大众较为公认的是将1996年定为电子商务的实际应用"元年"，而亚马逊无疑成为首批勇敢的淘金者，并且和很多昙花一现般的电商公司不同的是，直到如今，亚马逊依旧是电商领域屈指可数的"教父"级元老企业。最疯狂也是最酷的，要数亚马逊摧毁了旧秩序后，一直在引领着电子商务的时尚潮流。

贝索斯采用的B2C商业模式，即直接面向消费者销售产品和服务，也就是通常所说的商业零售。它属于电子商务的操作形式之一，主要借助互联网开展在线销售活动，一般以网络零售业为主。

从最开始选择网络销售书籍、唱片，贝索斯建立的模式就已经让传统图书销售行业瞠目结舌。萌芽时期的亚马逊从最简单的商业模式开始，只是在网上构建一个大型的虚拟书店，其选择广泛、购物方便、价格低廉无疑成了贝索斯的制胜法宝，使其短时间内便一跃成为一个称职的"网上中间商"。

虽然1993年IBM（国际商业机器公司）董事长路易斯·郭士纳就已提出一切围绕网络发展的战略，率先引领了电商的发展，但是提起推进电商体系逐渐走向成熟的企业，后来者亚马逊无疑当之无愧。

亚马逊起步较早，且一开始便目标明确，极具针对性。这些为其模式的建立及顺利发展奠定了坚实的基础。

　　既然选择卖书，可以说这本是一个"文艺"的行当，贝索斯的初来乍到却带着一身"杀气"。

　　新人报到，本应低调谦逊，留个好印象，以后也好被大佬们照应。可贝索斯为何而来？自然是破坏旧秩序，那么这个说法自然在他身上也不奏效了。

　　除了在对手巢穴内成立自己的驻扎地这样的小伎俩外，贝索斯一出手便差点要了那些老人家的命——亚马逊的建立，对图书销售行业带来了重大变革。

　　没有过多废话，贝索斯只是让所有进入亚马逊的人看到这样几个场景：你要找的书，我们这儿不仅要有，还要让你轻而易举地查阅到；不仅查得到，还清晰明了供你比较选择；不仅方便选择，还比实体书店要便宜许多……曾经一到书店里就因为消耗大量时间查阅所需图书的人们顿时如遇见新大陆般被其牢牢吸引住。不言而喻，贝索斯为亚马逊找到了一个很合理的商业模式。

　　其中最吸引人的，要属贝索斯在产品价格上使出的魄力。作为世界上最大的"折扣商"，亚马逊以40％的最高折扣率深深俘获了消费者的青睐。加之，与传统的零售书店25％甚至40％的退货率相比较，亚马逊0.25％的退货率让人观之安心。

　　但是，B2C模式很快便被前赴后继的竞争对手用到烂熟，如果还只是深陷这样同质化模式的泥沼，亚马逊估计早就迎来了自己的早期。

　　开始蹒跚学步后，亚马逊没有满足于仅靠承担中间环节来维系自己的B2C的商业模式，而是选择建立自己的仓储物流体系，致力于将亚马逊打造成大型网络购物中心，并开始尝试向其他商家提供基础设置与交易平台。

　　于是我们看到，除了主营的图书业务外，贝索斯又开始着手于构建自己的电商购物中心。此时对亚马逊商业模式的构建来说，最关键的是书籍销售业务的完善和交易平台的搭建。

　　在主营业务上，贝索斯吸纳传统书商的优点，却又依靠敏捷的反应和成功的经营理念迅速由一个图书零售商变成如今的电商"巨无霸"，如今你可以在亚马逊上找到包装食品、洗漱用品、保健品、婴儿用品等各类产品。

　　在贝索斯的精心设计下。亚马逊B2C电子商务网站由在线购物网站、配送系统、顾客身份的确认、货款结算的银行及认证系统这几部分组成，以服务费、会员费、低廉价格带来的销售量和点击量三种收入为主要受益方式，将成立之初的专卖店形势更为完善化，形成了亚马逊独有的专业化体系。

　　而仅仅如此还不够。当你开始接触亚马逊，你便会不由自主被他的一系列营销模式牵动心神——就比如，你会心甘情愿地选择他们的"订阅式购物服务"。

　　亚马逊专门针对一些日用品设计了自动订购服务，购买者选择经常消费的产品，加入该服务后便可如同订阅报纸、杂志一般，设定产品寄送的间隔时间，这样每逢设定日，你都可以足不出户便收到这些日用品，为顾客减少许多固定支出的时间及路费成本。

　　同时，亚马逊为这项服务同时配备了许多诱人的优惠条件，比如高达15%的折扣、用户具有随时更改或取消订单的权利、优先处理该服务项目的订单和提前运送该类产品，以及保持该服务所包含的产品价格稳定等。

　　实实在在的优惠政策，比起更多"糖衣炮弹"的口号似乎更能收买人心，至少贝索斯的这些"贿赂"手段得到了消费者的拥戴。

就像2012年下半年中国的电商大战中，一些或由于疲于应战，或由于销售策略而总是处于断货状态的中国电商网站，他们的战略显然是失误的，断的是产品，失的却是长远的人心。而在亚马逊的发展历程中，还从来没出现这种现象。

就这样，凭借免消费税、免运费和其他折扣优惠，"订阅"式购物的性价比之高立即让亚马逊扎根于全球消费者心中。表面看，虽然这种方式让亚马逊的单件产品销售收入有所减少，但降低了库存成本、提升了亚马逊的口碑。

对于一些需求量小的商品，仓库出货量难以确定。而通过"订阅"方式的购物服务使进货频率和出货量变成可预测的数据，为亚马逊预测库存容量和销售额、与供应商签订合同提供了重要的可参照依据，更为其与供应商"杀价"带来更多方便之处。

显而易见，贝索斯成功地为亚马逊找到了一个集赚大钱与大发展于一身的商业模式，这种有急有缓的策略，令其成功叩开了跻身世界电商巨头之列的大门。而这一现实的关键点，还在于模式的确定为更多企业树立了榜样。

任何一家企业，其商业模式的确立才是吸引投资人的重点。投资人被企业吸引的最大原因，绝非单纯的创业者个人特质，虽然这也是一个较为重要的因素，但最重要的，还是创业者抛给他们的商业模式是否能为他们在将来的某一天换来成倍于投资额的回报。因而，对大多数创业者来说，你不需要用复杂的商业计划书表现自己的周密，只需拿出一个靠谱的商业模式即可；对已经让企业顺利存活的经营者而言，若要谋求更高的发展，则需要审慎决策，在原有基础上制定出一个令投资人眼前一亮的计划。

当贝索斯这些天才的想象如此真实地实现于其宏伟的商业模式之中时，其他电商在做什么？

或是才意识到该行业有利可图，于是四处拜师学艺挤破脑袋入行，或是追在贝索斯后面争相模仿，或是立志非要自己研究出点创意却深陷泥沼……各家电商效益好的并不多，唯有贝索斯站在高浪之巅，俯视身下群雄逐鹿，自己傲然随浪将那些脆弱的对手瞬间吞没，不留痕迹……

2. 初步赢利很重要

天下熙熙皆为利来，天下攘攘皆为利往。

众生如此，一向精明的贝索斯自然也不例外。

可偏偏叫人捉摸不透的是，这个笑起来一脸淡然的家伙总是吊足了大家的胃口，对自己的顾客百般大方，却让亚马逊的投资者在最初的几年中一直失望，享受着过山车般的投资期待。

最"潮"的"达人"总要承受异于常人的舆论压力及关注。在华尔街眼中都算是"离经叛道"的贝索斯从推出亚马逊开始，便被所有商人盯上一件事不放——这个不知天高地厚的小子究竟能赚多少钱，竟然如此狂妄地挑战图书行业里历经数十年树立的权威？

当然，也有很多期待的眼睛在热切地注视着他，许多同他一样喜欢为这个世界"添点乱"的"潮"人们也在默默支持着这个不羁的年轻人，他们隐隐地感受到，一个翻天覆地的变化将在这个年轻人手中变为现实。就像《商业周刊》中曾提到的持"公正态度的经济专家"们认为，"如果说互联网上还有成功的创业故事的话，那么这故事的作者一定非亚马逊莫属。"①

———————————

① 《"活着还是死去"——亚马逊开业五周年》，《中华读书报》，2000年7月20日。

然而，令亲者痛仇者笑的开场着实让人有些尴尬。亚马逊初入市场，这个身家仅30万美元的网络书店看上去仿佛形势一片大好，飙升的顾客增长率让投资人仿佛已经提前体会到大把银子坠落怀中的满足感——他们欣慰地想，看来这个思想狂妄的年轻人还的确有点本事。

可没过多久，他们就笑不出来了。即使看上去仿佛已经挣到很多钱，贝索斯却绝口不提分红之事，反倒对他们侃侃而谈增加投入扩大规模的好处——欠钱的成了"太上皇"，这些"债主"们有苦难言，只好再一次相信了这个看起来越来越不可靠的怪才。

1997年5月亚马逊上市，其股价如坐上火箭般在两年半中势如破竹，从上市时的1.5美元暴涨至1999年底的106美元。贝索斯为投资人画出的大饼看上去好像有点形状了，而这个年轻人似乎最不害怕的就是欠债，公司一上市，他的债主不知又多出多少，他却依旧是那副安如磐石的模样。

这时，伴随着经济形势衰退，互联网泡沫破灭，华尔街的"冷箭"也不遗余力射向"木秀于林"的亚马逊，大有一朝毁之的杀意。

短短5年，贝索斯便用无人可敌的智慧走完传统零售业者数十年才能走完的路，更一跃成为领跑者。但2000年第四季度，如果拿业绩说话，亚马逊已经亏损超过5亿美元，负债高达21亿美元。

从亚马逊上市伊始，悲观的评价便开始伴随亚马逊的成长。有人注意到，从亚马逊成立到其发布业绩的最新一季，入账为29亿美元，看似较高的营业额，却是投入28亿美元换来的，这表示亚马逊1美元的产品销售额的成本差一点就到1美元了。如此利薄，让人惊心。

尤其让华尔街紧抓不放的是，明明一个网上书店，却硬要扩大产业链搞什么仓储和运输。于是其存货周转率又被对之不看好的分析师抓住了：据数据显示，1998年，亚马逊的库存周转率为8.5倍，而2000年第一季度，这一数值已下降至2.9倍。更严重的是，在其以650%的高速上涨的库存面前，1999年较1998年增加近190%的营业额根本不值一提。

2000年夏，酷热异常，对亚马逊来说，实在是个不堪回首的黑暗记忆。7月26日，由于亚马逊当年第二财季营业额为5.78亿美元，低于华尔街预计的5.8亿～6.0亿美元，这让亚马逊本就撑不住场面的股价再度下跌至32.63美元，这创下了自1998年12月以来的最低价位。

无论贝索斯愿不愿意听到，一些资深分析师已经开始预测亚马逊的死期——就连一向钟情于亚马逊的摩根士丹利网络股红魔女郎玛丽·米科也收起以往的乐观态度，谨慎地说："亚马逊是存是亡，今年（2000年）的第四季度就可见分晓。"[1]

不过，纵然质疑不断，但被认为是盲目扩大规模、巨资建立仓储及配送中心、依靠品牌认知度及巨额投入来刺激营业额增长的亚马逊，如今依旧屹立在国际电商巨头之首。事实证明，淘尽黄沙始得金，贝索斯的真智慧需要时间来向世人证实。

2001年第四季度，亚马逊财报公布，一时间世人哗然——亚马逊终于实现首次赢利，一举拿下500万美元的纯利润。

有人说，一个人的成功并不体现在他最风光的时候有多显赫，而是当他处于低谷之时有多大的反弹力。

贝索斯正如一条长河，一路冲破断壁残垣，为所经之处唤醒新

---

[1]《亚马逊：错误的商业模式》，《北京青年报》，2000年7月31日。

生活的希望。有高温烘烤，他却自信如常，即便庞大的身躯只剩下涓涓细流，却依旧没多一句解释——默默地做，胜过千言。

熬过行业寒冬，终于打破了一些人关于亚马逊"必死"的预言，贝索斯用置之死地而后生给了他的所有支持者以惊喜。更重要的是，这一次赢利彻底推翻了世人延续已久的对零售业的传统概念，让亚马逊不仅成为一个网上商城的典型代表，更标志着一个新时代的希望燃起。

也许，看过亚马逊赢利财报的许多"悲观预言家"们还没反应过来，这个对外并不爱多言的小子到底如何让一个他们看上去濒死的企业重现生机？贝索斯对这个问题的答案便是：他的"妙手回春"完全源自他在过去的日子里每一分、每一秒做出的努力，以及用非凡的前瞻性布下的局。

事实上，贝索斯也一定知道，如果亚马逊始终在烧钱，而不能带给投资人任何惊喜，那么用不了多久，那些精明而务实的投资人便会撤资，这对于一个新生儿般的企业是致命的打击。因此，企业的初步赢利不仅仅是企业自身良好运作的有力保障甚至咸鱼翻身的关键，更是稳定投资人信心的有力保障。无论用什么办法，企业经营者务必在投资人动摇之前作出反应。

可以说，在同行还在苦恼于建立何种模式在电商行业里分一杯羹时，贝索斯已经开始细分自己的业务，更让人拍案叫绝的是，直到现在还有许多电商以赢利为导向，而对贝索斯来说，如何做一个称职的"顾客心理分析师"要远重于眼前那点利益。

因此，"以顾客为导向"的经营理念贯穿了贝索斯的整个经营活动。而日益敏锐的消费者也逐渐发现，无论是做网上商城的贝索斯，还是把手机和平板电脑做到极致的乔布斯，都赢在对顾客的关注度要比竞争对手在这方面的关注度高出很多。

于是，那些花大量心思研究对手的同行们，只能被贝索斯的创造力牵着鼻子走，因为他是最了解市场趋势的人——连你的顾客有什么需求都不清楚，而知道对手暂时的赚钱方式又有何用呢？

因为电商的载体是当时刚刚兴起的网络，因此其可靠性受到很大的质疑。而贝索斯首先做的努力便是打消那些跃跃欲试却不敢尝鲜的消费者们最初的顾虑。

亚马逊从一开始便极其重视消费者的购物体验，无论是最直观的页面设计、操作流程还是建立自己的仓储物流以求将产品最快地送到顾客手中，亚马逊迈出的每一小步都标志着电商行业的服务标准迈出了一大步。

逐渐地，在其他人关注亚马逊的股票是红是绿的时候，更多人发现的是这个虚拟商城的确给自己带来了无限惊喜。

最惊喜的莫过于那些顶住了压力的投资人。如果在亚马逊"遇冷"之时他们为求自保而迅速撤离，莫说亚马逊必死无疑，他们自己的钞票也必然尽数打了水漂。亚马逊的一鸣惊人在此也给了投资人一些忠告：

第一，压力来了，挺住。

第二，胜利来了，投入。

顶住压力，对投资人而言并不容易。但在市场走向尚不明朗时，盲目撤退也未必是好现象，那很可能让其错过最美的一瞬。莫不如顶住压力，再观望观望更好；而当胜利曙光来临，投资人在冷静分析后，完全可以加大投资力度，这在为自己赚钱之余，更能为企业蓄能，以令其保持健康的"初步赢利"节奏，如此，就能更快实现最终目标了。

　　而对企业来说，是否赢利，决定了周遭能量是否还能一如既往地围绕在自己身边，你给了别人信心，别人也一样笑盈盈地鼓励你，这是双赢的世界，毕竟谁也不想干赔本的买卖。这一次，贝索斯干得漂亮！

3. 规模赢利最靠谱

随着亚马逊在主营业务上的稳健防御、外延业务上的积极进攻，以及其商业模式不断地完善创新，当年肯耐着性子等贝索斯出头之日的广大投资者们终于守得云开见月明——亚马逊将规模化赢利提上了日程。

而这一切得益于贝索斯心中烂熟的商业"用兵之法"。

亚马逊实现了初步赢利后，其商业模式也更加成熟，形成一个庞大的以B2C为核心的布局。而其所主涉业务也能互相支撑，这为其进一步发展奠定了坚实的基础。

在主营业务方面，亚马逊无疑已经改变了传统出版行业的游戏规则。已经拥有至少110万个书名的亚马逊比最大的超级书店资料库中大概17.5万个书名还要大好几倍。

除了这个，贝索斯在虚拟图书展示上也费了一番心思。

根据出版业者共同成立的"书籍事业研究会"（BookIndustry Study Group）调研得知，有60％的书籍是因为购书者无意间与钟情的图书"邂逅"而卖出的。即在传统书店中，除了少数抱着"指定式"购买意图的消费者外，大多数图书的销售是因为购书者在书店中浏览时与感兴趣的书籍不期而遇，因而产生了购买欲望。

以此类调研结果为指引，贝索斯手下的高手团队便不遗余力地为购买者的"惊鸿一瞥"创造更多可能性。他们在45种不同题材的目录区中选出最吸引人的新书，分别张贴在不同的目录下。并且通过读者评论，为有共同读书感悟的成员们提供了交流平台，成立了更有凝聚力的"网络社区"，在潜移默化中为亚马逊培养了固定的"粉丝团"。

而一直提倡"无纸阅读"趋势的贝索斯又一次被时间印证了其远见卓识。

在"2010中国数字出版年会"上，汉王科技董事长刘迎建以《攻克旧媒介帝国最后一座堡垒》为题发表演讲，对未来十年数字出版作出十大预言，其中提到："大部分报纸、小部分杂志将对读者免费，像广播、电视、互联网一样，收入与赢利靠广告；书店将变成类似图书馆结构，消费者通过在书店看书选书，但买书时付数字版权；作家成为最受欢迎的职业之一，部分成功的作家会有成千上万个读者并靠版权收入成为巨富；中国在此次数字化变革中将走在世界最前列，人们的版权保护意识大为增强，并由此成为创意产业强国。"[1]

正如刘迎建所言，旧媒介虽具有先入为主的优势，但是在科技飞速发展下，这样可怜的优势也逐渐变为日益脆弱的堡垒，被贝索斯这样的"破坏王"用更多可能性来推翻。

于是，当平板电脑初出江湖时，亚马逊虽不是创造者，却用最敏捷的反应抓住了这次商机。

既然主营书籍，亚马逊手持阅读器Kindle一经问世，便以"无纸

---

[1]《传统出版行业将实现数字化，下载成主要发行方式》，《瞭望》，2010年8月9日。

书籍"为主打，为阅读方式的革新带来更为专业的未来。

面对强劲对手苹果，贝索斯依旧神态自若地拿出看家本领——低价，以此来抢占潜力无限的平板电脑市场。

一向对顾客慷慨的亚马逊这一次依旧不例外。贝索斯以约13美元从出版商手中购买电子书版权，再以9.99美元出售，这让出版界也遭了殃。

并且，这一次贝索斯更是学会拉拢合作伙伴，比如对于传统渠道出版的纸质图书作者来说，其最多只能得到销售价格分成的7%到15%。而从2010年下半年开始，亚马逊将给其售价在9.99美元以下的数字图书作者和出版商以70%的销售分成。其诱惑之大，投入力度之强，瞬间"秒杀"许多传统出版企业。

此举一出，迅速截住原本会流向传统出版商的阅读资源，增加了Kindle的附加价值。若不是财大气粗的苹果又以14.99美元定价出售电子书，意图促使出版商从亚马逊那里撤回图书，传统图书行业免不了又一次被贝索斯折腾得天翻地覆。

通过稳固主营业务而逐步走向稳步发展的亚马逊终于得以昂首挺胸，不仅继续开发新的细分领域，同时也开始蚕食固有的市场资源。贝索斯的胃口一直不小，不论自己开创新领域还是收购其他企业，总要讲究个"最"字——也许，这正体现了他作为电商巨头的野心。

早在1998年，亚马逊就将其收购的IMDb[①] 网站发展为互联网上规模最大、用户最多的影视数据库。此后其"食欲"一直未减，2009年，亚马逊更是致力于对Zappos.com[②] 的收购。亚马逊通过将

---

① IMDb，全称Internet Movie Database，意为：互联网电影资料库。
② Zappos.com，美国一家卖鞋的B2C网站，1999年建成上线，后被亚马逊收购。

其建成全球最大的网络鞋店业务，并在一季度内为亚马逊做出2亿美元营收的贡献。亚马逊的这种让"百流入江"的战略，其使经营范围日益扩大，营业额也日益增长。

从初步赢利，到此时的规模赢利，亚马逊最大的一个变化即是拓展了业务板块，让越来越多的线下产品走到了线上，这令其很快成长为一个庞大的电商帝国。

这里有一个关键点需要注意，即何为规模赢利？

简单说，所谓的规模赢利，就是企业以自身的某一个业务板块为基础，以此黏住更多同类业务，无论大小，一并收入囊中。有些看似蝇头般的业务，若积聚起来，便可显出燎原之光。

那么，企业又如何能实现规模赢利呢？

以中国企业为例。"做大做强"的理念往往被中国企业奉为圭臬，这本无错。只是，多数中国企业只空喊口号，对自身基础性业务把握不够精准，片面追求速度和所谓的规模，如此一来，自然赔了夫人又折兵，成本过大，赢利面狭窄。当然，造成中国企业难以实现规模赢利的因素颇多，而上述原因是桎梏之本。

贝索斯能成功实现亚马逊的规模赢利，全在于其定位精准、脚踏实地，夯实基础再建高楼，自然稳若泰山。

后来，亚马逊同其他一些网站合作：在其他网站设置亚马逊书店的网址链接。如果有人通过这些链接进入亚马逊书店并消费，这些关联网站便会获得消费额的 3% 到 7% 作为报酬。

这种风险微乎其微，却还有额外收入的广告形式立即受到各类网站的欢迎，此后，亚马逊的这种宣传方式成长迅速，甚至推动了这样的营销方式在美国电商行业中的普及。

2009年末，亚马逊正式宣布其广告联盟开始整合社交网站Twitter（推特）的广告功能。贝索斯知道，在北美类似Myspace（聚友网）这样的社交网站一般都是不允许发布推介链接的，但Twitter对此似乎并无反抗，而其用户受到获利刺激也会极力配合，因此Twitter无形间成了亚马逊赚钱的媒介，可为其提供了平台的Twitter却无法从中得利，如此精明，让人叹服。

这样一来，互联网广告行业又出现了贝索斯的身影。而该行业的霸主Google（谷歌）又不幸多了一个"神一般的对手"。

但很多人会认为，从整个互联网访问量来看，30%的浏览者会访问Google，而只有大概3%的人会访问亚马逊，这样悬殊的对比，贝索斯哪来信心四处树敌？

殊不知，从全局来看，亚马逊能把广告展示、点击直接转化为销售，巩固其B2C的商业模式。与此同时，这些销售记录又为亚马逊积累了用户消费行为数据。

并且，广告营收并非是亚马逊营业收入的主要来源，其零售业务产生的巨额收入使来自资本市场的压力较之其他科技公司要小很多。而踏足广告业务，便为其营收多元化提供了更多可能性，使亚马逊在广告定价方面占有优势。

因此，虽然从点击量来说表面上亚马逊与Google全无抗衡的能力，但实际上那3%的用户在其商城中创造的价值要远超于Google上只是为了搜搜新闻、看看"八卦"的那30%的浏览者。这些广告业务对亚马逊来说，只是其产品销售价值链的入口。

如今，亚马逊的网络广告联盟"Amazon Associates"已是世界上发展最早、影响力最大的网络广告产品，其与Google在该行业平分秋色的势头愈加强劲。

　　如此谨慎的布局，早在2009第四季度便显出成效——亚马逊当季的净利润已达到3.8亿美元，同比增长71%。也就是说，亚马逊早已通过市场的考验，实现了规模化赢利。

　　今日亚马逊的辉煌，全仰赖于贝索斯最初为其设定的一条稳步发展之路。从图书被他搬到网上的那一刻起，就注定了会有越来越多的东西将以新面貌出现在网上。而令人惊叹的是，贝索斯可以成功将琳琅满目的产品集化成一个体系，令其自动牵引行业风向标，这对于绝大多数企业而言，都是撼动人心的。

4. 他为什么能行？

仿佛生来就为破旧革新的贝索斯，到底有什么神奇妙方，一次次化险为夷并在电商领域屹立不倒呢？

似乎那些倏忽间便被贝索斯击败的对手们更迫切地想知道这个问题的答案。

可实际上，商业上那么多繁复的问题，在贝索斯身上的解决方式只有一个，那便是坚持。

很多人认为电子商务是个虚拟的世界，其中浮躁的因素太多。的确如此，每一个爆发式发展的行业背后，总有一群追寻短期利益的参与者推动其昙花一现。当然，花谢之时，这些背后推手也免不了被淘汰出局。

不过，在电商领域天才也甚多，独占鳌头并轮番坐过王者之位的也有几位佼佼者，可偏就是这贝索斯，守着"电商之王"的宝座近二十年，却无人撼得动。

贝索斯的破坏力，来自于他卓越的智慧，实践于其非凡的魄力。而经营亚马逊，贝索斯靠的是苦行僧般的韧性与毅力。于是，出现在贝索斯的成功妙方中，不外乎以下几味"良药"：

第一，勇敢。

只为一次灵感迸发便毅然放弃华尔街光鲜的金领工作，这样的决断力和行动力让贝索斯的创业经历一开始就带上了孤勇的味道。

从用车库改装成的工作坊和货仓、三个微系统电脑工作站和300个"顾客"测试网址，到如今成为世人皆知的电商霸主，贝索斯熬过了初创的艰辛，撑住了外界的舆论压力，让亚马逊犹如一只深海中逐渐成长起的巨大章鱼，敏捷而又强势地将无数触角伸向任何一个他想涉足的领域。

如今，因海洋性气候而温暖舒适的西雅图继续以其独特的魅力吸引着更多寻梦的年轻人来此扎根。在他们之前，Facebook（脸谱网）、微软等公司已经打拼出自己的地位，在西雅图旖旎的风光中张扬着自己的风采。可此时，亚马逊却还似在当年那个破旧的小车库一样，默默无闻，甚至连显眼的Logo（标志）都没有，只是隐于阡陌，用巨大的隐忍力承担起改变世界的重托。

若是置身于亚马逊办公楼，其中粗糙平实的装修定会让人大跌眼镜——这活脱脱就是一个风格陈旧的大车库：墙面只是用水泥简单处理，所以凹凸毛躁，办公桌椅完全不见其他网络公司那般时尚精致，而是平凡的式样，甚至看上去有些古老。亚马逊工作人员对此介绍说："这是贝索斯为了纪念公司在车库中创办而特意营造出的感觉。"[1]

不是忆苦思甜，而是那时孤注一掷般的创业激情，让贝索斯走到今日——在这样的环境里工作，贝索斯总会被重新源源不断地注入勇气。

---

[1]《电商丛林的独狼：不可复制的亚马逊》，《IT时代周刊》，2012年第4期。

今日的亚马逊，在贝索斯超凡勇气的带领下，已成为美国最大的一家网络电子商务公司、全球第二大互联网企业，其市值仅次于谷歌。

但让贝索斯感到满足的并不仅仅是金钱，真正给他带来满足感的是，十几年前的某一天，在那个昏暗的车库里，旧机器的嗡鸣，飞虫的烦扰，以及两颊黏糊糊的汗水，都在一颗坚实勇敢的内心中，酝酿出一个改变世界的夙愿。

第二，自信。

这个世界不缺研究别人的人，却少了太多了解自己的人。

从选择独闯江湖，贝索斯就知道自己在他人眼里疯狂的举动究竟是为了什么。正因如此，才会荣辱不惊，看商界沧桑变幻，亚马逊却依旧安若泰山。

在公司初建难见赢利的时候，投资者的质疑，竞争对手的嘲笑、蔑视，在贝索斯眼中不过是云烟——因为他知道，他的每一步都为何而走，又会收获怎样的风景。

他耐心地安抚投资者，对外界的冷嘲热讽置若罔闻，抗住压力继续善待客户，扩大业务范围，哪怕账面上的资金看上去已经捉襟见肘，他依旧不肯妥协。

终于，当亚马逊实现初步赢利后，一切昔日的困难都已烟消云散，贝索斯谨慎的布局初见成效，其巨大的潜力终于被人挖掘出来。而这时被世人叹为天才的贝索斯，却仿如事不关己一般，只是如常地继续经营着自己的梦想，没有过多的炫耀，没有得志的傲慢。

很快，亚马逊带来的惊喜不断，规模赢利已成现实。更多人涌进亚马逊，无论是希望留在公司工作还是到网上商城购物，亚马逊成了一块磁铁，吸引了无数探奇者的青睐。甚至那些求职者明知贝索斯对自己的员工苛刻，却依旧以入职亚马逊为荣——因为这个平台可以为任何人改变世界的想法提供可能。

当初，年轻的他在电脑上看到一篇分析互联网发展趋势的文章，他便知道改变世界的机会到了。更重要的是，他相信自己真的可以做到。

当别人叫嚣亚马逊会被疯狂扩张的脚步拖垮时，贝索斯依旧慢条斯理地坐在自己安静的办公室里下达各种开展新业务的命令；当亚马逊公司股票从1997年上市时的每股9美元，到一年后每股209美元，并于同年底突破400美元大关，而后又经历了2000年的股市震荡一度跌到32.63美元，贝索斯没有与其他持股者一般如坐过山车一样表情变幻，只是默默地驾驭着亚马逊平稳着陆……

正是这份自信，让贝索斯没有被光环晃坏见识卓越的锐眼，没有被暂时的低估泥沼困住脚步而放弃挣扎，而是让他平静地穿过喜怒不能自已的世人，挥一挥手，推到又一片古老的废墟，重建一片新的天地。

第三，前瞻性。

超越时代总是会付出巨大代价，贝索斯的前瞻性便无数次酝酿于世人的质疑与嘲讽之中。

就如亚马逊早在2006年推出的商用S3和EC2等服务，也就是后来的"云计算"技术，当时根本未受到任何重视。但如今，其他科技公司意识到其美好未来时，云计算已成为亚马逊利润率最高的业务——2010年亚马逊的云计算业务收入已超过5亿美元，并拥有包括

《纽约时报》等40万家企业客户。

　　以上方剂，对别人是苦，对贝索斯来说却是苦尽甘来的馨甜。与贝索斯一样，已故苹果创始人乔布斯，在上述四个方面同样见长。勇敢、坚持、自信、眼界，世界因他们这种无与伦比的本领而变得更精彩，这不仅是今日商界的幸运，更是整个时代的幸运。

5. 贝氏法则

微笑的人看上去总是和煦温暖，谁能看得到贝索斯那张温和的脸的背后，是一只狼的霸气？

优胜劣汰，适者生存。大自然的残酷放在商圈之中一样适用。

作为亚马逊攻城略地的受害者之一，EDC[①] 首席执行官兰德尔·怀特曾愤愤地说道："亚马逊要将所有人挤出该行业，我不喜欢，它是一个掠夺者，没有它我们会更好些。"[②]

亚马逊以9.99美元出售电子书的举动，曾激怒了美国的多家出版商，他们要求亚马逊停用9.99美元为最高定价的规定。出版商认为此举非常邪恶，因为，这会毁了其他书店和出版商，让消费者形成了图书本就"低价"的印象。

其实，这只是亚马逊在扩张主营业务时出现的一个小插曲罢了，因为同这些出版商一样命运的企业并不在少数，甚至遍布整个零售行业——也就是说，贝索斯的掠夺与摧毁已经引起了大规模的革命。

制定游戏规则的人，往往带着天生的霸气，恩威并施，正如群

---

① 法国服装品牌Esprit的一个衍生品牌。

② 《图书业掠夺者亚马逊：不求短期利润只求垄断》，《纽约时报》，2012年4月16日。

狼首领，用智慧与勇气征服世界。

对贝索斯而言，总爱带着令人舒心的微笑的他，骨子里却渗透着"狼性"：迅速行动、敬畏客户、团队第一的概念被他发挥得淋漓尽致。

第一，迅速行动。

贝索斯把图书搬到网上卖的举动，真可谓抢尽先机。贝索斯低调却华丽的出场，也为他带来不小的麻烦。可也正是这样的机遇，让他得以在业务扩展之时，趁着众多其他目标行业里的"地头蛇"们还未反应过来，便把手伸了进去，甚至连根拔掉竞争对手。

正因如此，亚马逊可能成了世上树敌最多的公司。它难以停止的扩张脚步，每一次都会给自己带来一批新的对手。亚马逊在自己的财报中，将自己的竞争对手分为6组，而且个个都是大公司。比如，由于增加平板电脑业务而进入对手名单的苹果公司，也将亚马逊视为最大的威胁者。

从直接冲突角度来看，与亚马逊打过官司的企业有沃尔玛、联邦快递及玩具反斗城等多家知名企业，而那些间接的竞争对手就更为庞杂了。在这样的压力下，贝索斯依旧一路泰然自若，其"抢先"的优势便可一目了然。

除了公司战略制定、调节的迅速，贝索斯对企业细节发展的反应也足够敏捷。比如对创新想法的实践效率，贝索斯总是遥遥领先，使得其他同行们只能追着他跑得气喘吁吁。

贝索斯不仅自己行动迅速，也将这个理念融入产品，让用户在此得到最快捷方便的购物体验，这也是亚马逊长流不止的法宝之一。

狼影敏捷，方能将猎物收入囊中。贝索斯只会超前，从不愿滞后——因为他要赶在别人之前规定方圆。

而行动的迅速，也让贝索斯这个第一个"吃螃蟹"的人尝到了甜头。就如许许多多的行业试探者一样，确定了一个想法，需要的可能不是花费大块时间去构想每一个细致步骤，而是立即行动，在行动中发现不足，弥补缺陷，这远比闭门冥思更有价值。

第二，敬畏客户。

对很多商人来说，客户是他们的猎物，因此他们总会给自己的顾客以巨大的压迫感，结果使顾客的购物欲望难以为继。

于是，贝索斯的精明之处便弥足珍贵了：亚马逊的用户对于贝索斯所率领的"狼群"团队来说，更像是供其生存发展的大自然，这些衣食父母需要亚马逊人用心敬畏，才能保证自己长久地在他们的怀抱里存活下去。

这也是为什么亚马逊在宠溺客户方面达到让人难以理解的程度。

举一个例子：曾在亚马逊担任过品牌经理的蒂娜·帕特森曾说，在亚马逊最得意的创意之一——平板电脑Kindle即将上市之前，曾推出了一个将Kindle打造成公牛，而读者休闲地坐于其上的广告。

不可否认，这是一个激动人心的广告创意，所有看到这个片段的亚马逊员工都对此多有青睐，认为这个场景会让观众充满力量。可贝索斯的表现却与其他人大相径庭——他极为严肃地对整个团队说："我知道这个段子很精巧，很多人都会觉得这头公牛很有意思。但是坐在上面的客户却有可能被牛踢中屁股，我们不能让客户受伤。"[1] 由此可见贝索斯对客户的尊敬。

企业把客户放在第一位，似乎是天经地义的事。优秀的企业，

---

[1]《解构亚马逊CEO贝索斯：为客户体验走火入魔》，《南方都市报》，2012年4月9日。

都善于把客户的反馈当成前进的推动力。甚至有些企业在客户未曾有某一细节上的需求时，就已把潜在的服务摆在了他们面前。比如乔布斯，他曾表示，用户根本不知道自己想要什么，直到你把产品送到他们面前。当初的iPod[①]引领了音乐变革，而每一个细节都被乔布斯做得尽善尽美，用户只需安然享受即可。试问这样的企业，怎能不成为行业风向标？

而把用户摆在首位之后，企业所得到的也将是巨大的财富，贝索斯便尝到了这种甜头。数年来，在密歇根大学对美国最大的225家公司的客户满意度调查中，亚马逊一直名列前茅，领跑于其他在线零售公司。这样一个业务庞大复杂却依旧可以俘获客户"芳心"的企业，实在是用心良苦。

这一切皆因为，懂得避免竭泽而渔的贝索斯，先是如狼依赖大自然那般爱上自己的客户，最后，敬畏自然的人自会得到自然的敬畏。

第三，团队第一。

对于贝索斯来说，在当今社会利用好团队力量，要远比单打独斗好得多。

在亚马逊总部，你很难看到大批分散的工作人员在忙碌。当你走进一间间办公室或实验室，才会发现里面别有洞天：贝索斯总会将大团队拆分成多个小团队，亚马逊就是在如此众多"精英小分队"的推动下迅速发展的。正如喜爱团队配合作战的狼群，每一只都可以在团队协作中独当一面，每个人都以最精炼的能力支撑起整个团队的运作。

作为"狼群"头领，在自己的团队面前，贝索斯表现出来的却

---

① iPod，美国苹果公司设计和销售的一款便捷式、多功能数字多媒体播放器。

完全不是他面对客户时的温柔耐心，而是异常的苛刻严厉，甚至专制霸道。即便如此，还是有许多人挤破脑袋想进入亚马逊。因为他们知道，在这里的经历可能是一生最为宝贵的财富。

正是贝索斯那种让员工又爱又恨的工作作风，让员工们从狭窄的车库中搬到如今的总部大楼；正是贝索斯的专横独断，顶住了来自四面八方的压力，让亚马逊继续前进。

当然，即使是头狼也会有对自己的狼群温情关怀的一面，贝索斯自然也是如此。比如，在亚马逊，横向来说没有那些森严的部门隔阂和地盘之争，只要员工感兴趣便可以去其他部门了解相关信息。

纵向来看，亚马逊的上下级关系也会在掺杂进客户因素时变得逆转。在公司，普通员工也有机会可以顶撞老板，只需你把你的"上帝"作为理由抛出来——"我如果是消费者，我会这样做！"

激发团队潜能，运用众生智慧，是贝索斯在团队管理上的一套"狼"作风。对投身于商海中的精英们而言，团队的力量自不必说，没有哪个企业仅依靠个人力量便能长盛不衰。以中国领军的互联网企业之一阿里巴巴集团为例，其创始人马云在创业之初便有着名为"十八罗汉"的创业队伍，他们一路披荆斩棘，排除万难，终于在中国互联网大地上插上了一面自己的旗帜。

因此，一个没有团队的企业，是不可能无往不利的，甚至它都无法在商界生存。团队至上的观念虽然老套，但即使在经济飞速发展的今天，依然毫不过时。

贝索斯有条不紊地驱动着亚马逊这艘航母，步步为营，稳扎稳打，摘得了一个又一个胜利。他既有令对手叹服的"头狼"智慧，又有给无数粉丝们带来动力的迷人微笑，这样的破坏王，自然是神话的缔造者。

三

大战略

1. 钓大鱼的方法就是放长线

如果一谈到贝索斯的长远战略，就马不停蹄地长篇累牍，以崇拜式的书写模板构架一箩筐的战绩，未免有些审美疲劳了。眼睛里总是闪烁着逼人眼光、散发着令人如沐春风之味的贝索斯，或许也不愿意他的"追随者"总在千篇一律地诉说他当初的一个小小决定，最终造成了多么规模庞大的轰动效应。那种热衷立足于世人眼球的人，其影响力必然达不到号令天下的地步。

只是，在把贝索斯的大战略如数家珍之际，我们有必要去翻翻"旧账"，这也不枉我们用心地解读贝索斯——因为我们能从他身上学到很多。

一个人的爱好，往往左右着其日后的行为方式，从创业的角度看，自然是兴趣当头了。贝索斯狂爱阅读，与书早已结下了不解之缘。幸运的是，他所下注的这个行业，在他看来极具潜力，又适逢赶上网络大潮，而那几个在网络上首开先河的老教授们，又率先一探究竟，这更水到渠成般地推着贝索斯走上这条路。

20世纪90年代，网络方兴未艾，有远见的人都一窝蜂地扎在其中。在他们中间，最强劲的一股力量便是胆识，这是尝试新鲜事物最基本也是最重要的一种生理能力。贝索斯有这能力，网络时代也欣然接受了他。

贝索斯在一开始，就不曾为自己的任何选择后悔过：从拒绝英特尔公司和贝尔实验室的邀请，到辞职下海，跳进网络大潮中——即使那时的潮水不够凶猛澎湃，但足够激烈，或者说，他最初就在等待一个机会，等待一个时代。有些人，注定是伟大的。他们不是为了伟大而为时代上色，而是时代需要他们去涂抹。

还是那句话，当图书碰上了网络，这事就一发不可收拾了。贝索斯当时到底是怎么"突发奇想"跟图书"死磕"的，我们不得而知，只知道他这一个自我习惯的举动，点燃了时代火炬，从此，电子商务开始展拓里程一路向前。贝索斯不是电子商务领域的第一人，却是将这一领域发扬光大的最耀眼的商界明星之一。

纵览贝索斯的创业历程，一个很明显的要素会浮出水面——眼界。贝索斯的眼界高人一等，总能在同行们嗤之以鼻时先拔头筹。如果要追根溯源，当他读懂了"2 300%"这个互联网年使用人数增长率时，就决定了这一领域将有一个信仰"破坏"的年轻人跻身其中。

互联网是时代发展的趋势，是科技进步的实体展示。贝索斯看出了隐藏在程序背后的巨大商机，接着便慢慢放出了"引线"——他自己。很负责任地说，贝索斯本身，就是引爆原本尚未火热的电商的"弦"。

经由一个个细枝末节，贝索斯成功地在其大战略上安顿下了亚马逊身上的每一个特性，质量、创新、低成本……每个角落都体现出了他的眼界哲学。他本人也曾表示，这种优质低价的服务将一直包含在他的战略中。同时他称，以"这方式"与客户维系良好关系，对于亚马逊本身及用户来说都是大有裨益的。

"这方式"到底是什么方式？显然，是令用户满意的方式。

或者说，为用户提供最精致的服务，是贝索斯在脑海中拟定"亚马逊计划"那一瞬间想到的最实在的事，可能也是这种潜在的、强烈的服务意识，是敦促他打造出亚马逊帝国的根本原因之一。毫无疑问，这成了他大战略中最有能量的部分，是很多企业一下子就想到、却一辈子都做不到的。

放长线，为的是钓大鱼。贝索斯的长线，放得实在够长，长到让那些投资者欲哭无泪的地步。从最初的"圈钱"，到实现初步赢利，这中间是个痛苦又必须等待的过程。那些投资者和等着看亚马逊笑话的人，做梦也想不到贝索斯的长线居然真得到了收获，此时，大家都傻眼了——这个贝索斯，到底是个什么样的家伙？

事实上，任何一家企业，试图在短期内实现营收平衡也不容易，就更别提一鸣惊人了。贝索斯似乎从没有把马上赢利放在心上，他埋头于自己的梦想与残酷的现实之间，踏踏实实去做自己的事，去颠覆行业传统，去搅浑看似清澈的行业之海。结果，世界真的如他所愿，变得"一塌糊涂"，只有他成了唯一的清醒者，笑盈盈地看着一手策划的天下。

善于谋划未来的人，都不会计较眼前一时之得失。战略性眼光的培养，需要有对自身情况充分而清晰认识的能力，需要有能看出行业大致走向的能力，需要有拒绝眼前诱惑的能力，更需要有隐忍的心理抗压能力。当然，不仅仅是这些便能提升眼界，任何能触动企业经营者神经的元素都可作为发散眼界高度的绝对力量。而眼界的高低，在某种程度上也决定了企业发展之强弱。

今天的亚马逊，也如最初贝索斯定位的那样，始终向前看。在1997年上市时，贝索斯就在《致股东书》中"长篇大论"，若用言简意赅地表达其核心理念的话，就是那句——"一切在于长远。"

而截至2012年，亚马逊的市值已达1 110亿美元，将其竞争对手逐一倾覆。更重要的是，此时的亚马逊依旧昂首远视，眺望着下一个山头。

不按常理出牌的贝索斯，2011年还有一个惊人之举。他投资了一个"万年钟基金会"，目的是建一种巨钟，可于世存在10 000年，为后代万世子孙服务。想必这么"不靠谱"的事儿也只有贝索斯的脑子里才肯容纳。可在这种举动的背后，却暴露出了一个令人咋舌的现实。

这种巨钟若真的建成，后世人们必然记得一个叫贝索斯的人，他似乎天赋异禀，善于破坏固化程序，总弄得同行们措手不及，大呼"上当"。同时，他又是个可爱至极的创新狂人，他心里都是用户，对待用户比对待谁都亲……如果以后真有这样的评价，那么这个时代都中了贝索斯的"计"——他和他的亚马逊，会成为时代的记忆和后代的追忆，永续延绵，比起誓言要做百年老店而又没有实际行动的人，他显然高明了许多。

对于贝索斯来说，一切都要做长远的打算。相信大家还没忘贝索斯在1995年之后的6年里，是如何一次次信誓旦旦地向股东们保证的。在他眼中，互联网的世界不会是昙花一现，当越来越多的美国互联网公司急于"互联网泡沫"中变现时，贝索斯如黑暗中等待猎物出现的猎手一样，屏息凝神，静静地等待那个神奇时刻的到来。

这个是艰难的过程。没理由你想疯就得拉着大家陪你一起疯。一些股东开始动摇，开始抱怨，开始恐惧：这个贝索斯，要眼见我们的钞票打了水漂才甘心吗？相信这一定是他们心里的声音。

可贝索斯，还是稳如磐石，仿佛听到了他们的怯懦，嘴角上扬，划出一个漂亮的弧线。接下来的2001年，贝索斯的"鱼"上钩了。如果从辩证的关系上看，贝索斯的胜，是那些互联网泡沫中的"泡沫"的败成就的。或者说，那些经不起敲打的泡沫，也仅仅是花了一下世人的眼，之后就消失不见了。

500万美元的赢利，印证了贝索斯的眼界，更鼓舞了股东们的投资热忱。他们的动摇变成了坚持，抱怨变成了赞叹，恐惧变成了胆量。若说贝索斯仅仅凭靠自己的胆识和眼界激活了一个企业，这尚且不算全面，而他的行为触动了投身于此企业中的一切人，最主要的是让那些股东们也开始培养起自己的眼界，相信这才叫真正的"十全十美"。

自2001年以后，亚马逊一步步朝着在线零售巨头和科技巨人的方向走去，从未止步。一件件事实也证明，贝索斯每次放长线都有"大鱼"上钩。

从今天网上图书的销售盛况看，贝索斯当年锁定图书行业实在高明；从今天电子商务发展的态势看，贝索斯当年投身网海，也一样高明。而从电子商务本身来看，贝索斯循着亚马逊的发展轨道，加上精神抖擞地将自己颠覆式的个性掺入其中，他所涉足的每一个行业都热情似火，如八月骄阳一般。

我们实在不能继续为了褒奖而去罗列贝索斯眼界奇高的事实，而是应该拨开层层炫目，窥见其中辛酸：想想看，贝索斯在遭人质疑之时，是什么力量维护着他的坚定信念？又是什么力量时刻敦促着他无限颠覆、引领变革？这两点，相信是最重要也最有价值的。

2. 致股东信

　　如果说贝索斯仅仅是一个"破坏王"，习惯也善于颠覆行业传统，热衷于变革，这显然不够精准。假若为其冠一个很端正的称呼，叫他"战略家"会更为准确。

　　1995年，贝索斯还是怀揣梦想准备大干一场的"激情男"；1996年，他就已经蜕变成了一个满脑子填满了"发展"二字的"冷静男"；而从1997年开始，他以过去的两年作为基础，摇身一变，成了一个关注亚马逊长治久安的"战略男"。这种变化，伴随着贝索斯最初创立亚马逊到一路惊心动魄的成长的全过程。

　　若从"正史"的角度看，他这叫步步为营，谋定而后动；若从"野史"的角度看，可能有人说他是为了稳住局面、稳住股东、稳住人心、稳住市场。不论怎么样，现在出现在公众视野中的亚马逊，却是光鲜亮丽、一骑绝尘的。

　　细数一下贝索斯的变革，就当从他那著名的《致股东的信》说起。

　　1997年，不知是哪根弦触动了贝索斯的敏感神经，让他自此之后的每年都会写上一篇意见中肯的致股东的信，洋洋洒洒数千言，饱含的是对亚马逊发展的前瞻，更是对过去的留心总结。而他1997

年《致股东的信》，也被奉为经典，因为这信中所提及的理念和发展方向，一直贯穿于亚马逊发展之中，也毫无遗漏地将贝索斯本人的远见卓识一一呈现。

......

所有的都将围绕长远价值展开

我们相信，我们是否成功的一个重要衡量标准，就在于我们是否为股东创造了长期价值。这种价值直接来自于我们巩固并拓展自身目前市场领导地位的能力，我们的市场领导地位越强大，我们的商业模式就越具有竞争力。强大的市场领导地位将带来更高的收入，更多的利润，更快的资金周转速度以及相应的强大资本回报率。

我们所做的每一个决策都将持续影响到我们所专注的领域。一开始，我们就将自己的市场领导地位指标化：客户增长率、收益率、客户愿意再次购买意愿程度以及我们的品牌力量。为了建立一个持续强大的专营权，我们在拓宽客户基数，强化品牌认同度以及基础设施方面投入了巨大资源，并将继续专注投资。

......

我们将更多地为"强化长期市场领导地位"这一目标做持续的长期投资决策，而非关注短期的赢利以及华尔街的反应。

……在最优化GAAP[①] 报表和最大化未来现金流二者之间，我们会毫不犹豫地选择后者。

当我们做大胆的投资决策时，我们会与大家分享战略决策流程，以让大家评估这样的长期投资决策是否理性。

我们会非常努力地工作，并保持优化和精简开支的文化。我们理解对于成本管控这种文化进行强化的重要性，特别是对于那些处于净亏损的项目。

我们会平衡长期赢利与资本管理二者之间的增长关系。在这个阶段，我们会把市场增长放在最优先的位置，因为我们相信，一定的规模是实现我们商业模式最为核心的基础。

我们会继续专注于吸引并留住那些多才多艺、极富能力的人才战略，继续为他们提供更多的股票期权，而非现金。我们深知，能否吸引并留住那些极具创造力的团队的重要性，这些员工都必须乐于担任企业的主人。

关注客户需求

一开始，我们就专注于为客户带来价值。但我们意识到Web（网络）仍然是The World Wide Wait[②] 的状态。因此，我们开始为客户提供一些他们无法从其他途径获取的物品，并开始向他们提供图书销售。我们能够为客户提供比实体书店更丰富的选择，使其随时随地搜索、浏览。我们坚持提升购物体验，并于1997年很大程度

---

① GAAP，全称Generally Accepted Accounting Principles，也即一般公认会计原则，是指适用于各个不同行业的企业的，包括从会计的基本概念、基本假设等基本原理到具体会计计量和编制财务报表的程序及方法的规定。
② 万维网是"The World Wide web"，缩写为"www"。最初，因网速常常很慢，人们将万维网故意理解为The World Wide wait(万维在等待)。

上对我们的线上书店进行优化改进。亚马逊目前能够提供优惠券、"1-Click"购物（亚马逊的"一键下单"技术，可使某一网上商店的回头客只需用鼠标点击一次便可以完成商品的购买，这样顾客就不用再次输入信用卡卡号以及个人信息）、更多评论、内容、浏览、选择以及产品推荐等多种功能。同时，降低售价，更大程度上提升顾客价值。口碑是我们吸引用户最有利的工具，我们也非常感激顾客给予我们的信任。重复购买和口碑，共同铸就了亚马逊在线图书市场的领先地位。

基础设施建设

1997年，为了配合我们快速增长的流量、销售以及服务水平，我们努力扩大了公司基础设施：

亚马逊的员工从158人大幅增至614人，管理团队也进行了扩充。

仓储物流中心从之前的5万平方米扩充到了28.5万平方米，其中西雅图的设施扩充了近70%，以及11月份在特拉华州建立的第二个仓储中心。

年底，我们的库存增加到了20万种，这使得我们的服务能力有所提升。

我们的现金及投资余额在年底达到了1.25亿美元，得益于1997年5月份亚马逊IPO[①] 以及银行的7 500万美元贷款。充裕的资金保证了我们战略执行过程中更具灵活性。

---

① IPO，全称Initial Public Offering，是指企业通过证券交易所首次公开向投资者发行股票，以期募集用于企业发展的资金。

我们的员工

过去一年的成功是我们这群极富创造力、聪明能干的员工团队共同努力的结果，我为自己是其中一员感到非常自豪。打造一个高标准、高质量的招聘流程体系，是我们一直以来并将长期坚持的一项工作，因为这是亚马逊将来成功道路上最为重要的一个元素。

在这里工作并不那么容易，当我面试求职者时，我对他们说，"你可以长时间工作，或者非常努力地工作，或者高效率地工作，但是在亚马逊，这一切都很重要，缺一不可"，但是我们会努力建立一些非常重要的工作方法，特别是关系到我们客户的内容，甚至是我们可以给我们的孙子们讲的一些东西，这一切并不容易。但是幸运的是，我们拥有这样一群乐于付出、拥有牺牲精神并极富激情的团队，是他们打造出了今天的亚马逊。[1]

在这篇股东信中，贝索斯从6个方面发力，这也是自此信首次公开后，一路为亚马逊保驾护航的精神蓝图。任何一家企业，在其成立的前3年，真正能聚焦出可延续的理念和精神的，为数不多，而如贝索斯这样头脑清晰，绝对知道自己想要什么的领导者，也是凤毛麟角。

从这以后，贝索斯每年都会写一份《致股东的信》，内容涉及面非常广，从继续扩张品类，到关注数字和无线技术；从对亚马

---

[1] 赵国栋，易欢欢等著，《大数据时代的历史机遇：产业变革与数据科学》，清华大学出版社，2013年7月。

逊的全品类开展价格战，到向第三方开放配送服务，即代发货业务……可真是忙坏了贝索斯，但却乐坏了股东。随着亚马逊一步步登峰造极，曾经左右摇摆但最终总算坚守住阵地的股东们，今时今日可算是高枕无忧，满颜欢笑了。

值得一提的是，这些年来的股东信，虽然内容变革，但有一点始终未变。贝索斯每年都会把1997年《致股东的信》拿出来，似乎是在告慰过去，也是在展望未来。实际上，最主要的目的就是提醒所有的"亚马逊人"，能到今天不容易，大伙都得打起精神，之前怎么干，现在还怎么干，什么时候都不能把理念和精神丢了。

当然，贝索斯的苦心没有白费，亚马逊股票一路看涨的势头，也算是给他吃了一颗定心丸。即便成立初期度过了艰辛的6年，好在现实安然。

到了这儿，想必称呼贝索斯为"战略家"是毫无悬念的。若你是个细心到吹毛求疵的人，恐怕会觉得贝索斯实在太"恐怖"了，他居然用十几年的时间去做一件再简单不过的事儿：即时刻提醒所有股东要严阵以待，绝不能被眼前的浮云遮住望眼。纵使这是他的一厢情愿，可也提醒了股东们，贝索斯这个一脸坏笑的家伙，真用自己独特的个性搅动得山河骤变，而他的精神也融入到了亚马逊公司中。

一个企业有没有灵魂，以及这种灵魂究竟是何种形态，全由它第一任领导者的个性和品性决定的。领导者雷厉风行、热衷创新、颠覆传统，那这家企业也一定"呱呱叫"；相反，领导者优柔寡断、亦步亦趋、按部就班，那企业身上也只会散出"病秧子"的味道，最终可能徒留一声叹息。

3. 用户总是对的

假如你是老板，不论你从事什么行业，相信用户的感受将是你毕生重视的。在贝索斯眼里，顾客总是对的。可能有的人看到这句话就会说：顾客凭什么总是对的？

其实，我们可以从以下方面对这句话予以解释：

第一，用户的需求会刺激企业把事情做得尽善尽美。

作为企业的衣食父母，用户若在支付了一定的金钱后，而享受的是完全不到位的服务，这样的企业对得起"养育"他们的爹娘吗？这可能也是不少企业一路摸爬滚打、碰撞钉子后仍死不悔改，且又不遗余力地苛责用户，进而导致其自身深陷泥潭的一个要因。大家都了解这一点，却很难做到这一点，或者说做到了也难以维持。为什么？十多年如一日地像贝索斯那样以顾客为中心，实在太辛苦了！

但这对贝索斯来说，却是天经地义的。用户理所当然地要付出金钱后获得超级体验，不然他们可能马上转头就走，绝不会在短期内听企业的解释。想想海尔的张瑞敏，当初若不抡了大锤，砸毁不合格产品，而重新打造高品质产品，恐怕耗费多少口舌去解释、投入多少资金去打广告，呼吁老百姓信赖海尔，结果都将是无济于事的。

贝索斯就是这样，他说："亚马逊是一家顾客公司。我们给顾客提供最简捷的方式，让其得到最好的体验。"[①] 在他看来，把最好的体验带给顾客，彰显的是一家企业能否有永远坚持下去的动力。具体说来，企业要想实现利润，其实很简单——搞清客户要什么，这是做好产品的前提。

第二，为用户着想能反作用于企业自身。

2008年，贝索斯在《致股东的信》中指出："亚马逊采用从顾客需求出发的'逆向工作法'来了解客户需求，耐心探索，不断磨炼，直至找到解决方案。"[②] 如果说大部分人善于从事情发生的原因入手，改善条件，以影响结果，那么贝索斯显然是个"异类"，他重视结果体验，而后反推原因，重塑过程，最终让一个变动因素带动一连串的积极效应。

在亚马逊或者在整个商界，贝索斯都被称为是"追求客户体验走火入魔的CEO（首席执行官）"，这足见其在这方面的精耕细作。在外界，贝索斯在重视用户方面颇有口碑，而这又完全得益于其在公司内部的实际行动。

每一次亚马逊内部会议，贝索斯都会准备一把空闲的椅子，这可不是为了纪念某位为公司作出卓越贡献而离开公司的员工，而是为"未到场的消费者"准备的。这听起来实在有些奇怪，一家公司的内部会议上，居然会留出一把空椅子给消费者。这恰恰是贝索斯的独特之处，他意在时刻提醒与会的经理们，他们所说的每一句话、提出的每一项建议、作出的每一个决定，都应非常用心地考虑消费者的感受，用贝索斯本人的话说就是——"那是现在这个房间

①《贝索斯打造亚马逊帝国》，《21世纪经济报道》，2012年5月5日。
② 同上。

里最重要的人物。"①

显而易见，"过分地"为用户着想，推动着亚马逊飞速发展，并领先于同行；相反，因这种理念而来的行动，也更能激发企业在用户体验上加大精力、财力投入，从而提升产品性能服务、这无疑会提升企业在用户心中的满意指数。

第三，满足用户需求更能推动企业发展。

有过网购经验的人都知道，页面延迟、出错及产品下架且未能及时更新等情况，都会令人气愤至极，严重影响购物体验。更会滋生转移平台的想法：这该死的网站，浪费我的时间，下次再也不在这家网站购物了！毫无疑问，这是贝索斯可以想到的，或许他还曾体会过。

于是，亚马逊的员工全力以赴，尽量将出错率无限降低，而页面若出现0.1秒的延迟，就会直接导致客户活跃度下降1%。这也开始被亚马逊人视为眼中钉、肉中刺，他们势必要处之而后快！

不论用户有何种反馈，贝索斯都会尽力想到用户前头，仿佛走火入魔了一般。

亚马逊英国公司前主管西门·摩多克曾回忆道："当时亚马逊的发货截止时间是每天的下午4点钟，超过时间的订单将只能在第二天送出。但是贝索斯就是一直不停地要求他将物流截止时间延后到6点、7点甚至更晚，即便这意味着整个货仓流程需要做出巨大改变也在所不惜。"②

在贝索斯这种对亚马逊人"魔鬼式"的要求下，物流行业的

① 《亚马逊480亿美元销售额如何练就？》，《南方都市报》，2012年4月9日。
② 同上。

"奇迹"出现了——据悉，亚马逊承诺，在英国大多数地区和十个美国城市内，客户在早晨下单，当天即可收货。如此"快递"，的确不负"快"之名了。

用户至上，这是一个老生常谈的经营理念，要去细数将此奉为金科玉律的企业，恐怕三天三夜也难数清。在众多奉行用户至上理念的企业中，事实上有太多人误解了这一理念的本意。

用户，其实并不需要你把他捧在手心、含在嘴里，像祖宗一样供奉起来。人际交往讲究平视沟通，不必彰显自己优势地俯视，也无需自卑拱手般地仰视。企业与用户也是如此，即便企业依靠用户而生存，只要提供给用户优质的服务就可以了。只要你用心服务客户，就自然会把为用户着想的心思倾注在产品和服务中，这也是用户在使用产品和享受服务时可以体会到的。

在此，却有一点不能忽视。何为优质服务？贝索斯的屡次举措，早已对此下了最精准的定义。这事要从2004年说起。

今天我们都知道，就是在那年，亚马逊那些天才构想师们念头横生，衍生出了一个电子商务领域的杰作：Kindle。即便历经3年的辛苦研究，它才正式问世，但从想法起航那天起，亚马逊为用户提供更便捷的服务的宗旨，就已根植人心了。而Kindle的诞生，就源于亚马逊希望在短短1分钟时间内，便能给用户提供任何一本曾经出版过的书。

1分钟内实现想要的图书的选择？这会不会有点吹牛了？

联想之前贝索斯与股东们的"尔虞我诈"，试想之下，相信这次贝索斯也一定更会倾向于实干的。毕竟公司发展到这地步，担负着可不是一两个股东的利益，更代表着众多用户的选择。

果然，贝索斯这次也没让人失望，还是那样冷静果断、睿智机敏。随着Kindle终端设备的推出，当初那个看似荒诞的想法也变成了现实。

在这项研究上，亚马逊吃了不少苦头，毕竟硬件不是其擅长的。可亚马逊有一个执拗的领航者，贝索斯对此一点都没动摇，他是那种"一旦有了这个点子，就不会因为技术的局限性而改变最初设想的人"[①]。

这容易理解。最初的设想，从实际情况上看可能有点高难度，但未必是不可实现的，只是眼下条件受限而已。估计碰上这种情况，多数人宁愿保守一点，根据自己的实际情况做出决定。不过，执拗的贝索斯在颠覆行业、传统之余，更善于打破一切被贴上"规则"标签的东西。在他眼中，"不可能"本身就是一种很有可能的事情。

一番钻研，几年征战。当Kindle横空出世后，人们这才发现贝索斯的选择是多么明智，他独到而前瞻性的眼光简直令人拍案叫绝！当然，最开心的当属用户，因为他们可以享受超前的阅读体验，这不是哪家公司都能给予的。

权威数据显示，在上千万份关于Kindle的反馈邮件当中，使用"Love（喜爱）"这个词的比例高达26%。贝索斯打了一场漂亮的"攻坚战"！

本来，这么多的用户向亚马逊"示爱"了，Kindle能为贝索斯带来的收益也是不俗的。可贝索斯却不指望靠着硬件赚钱，甚至在价格上有大幅让利，这可让人云里雾里了。

就在行业内的人士都如同行走于云霄时，贝索斯又打出了一组漂亮的组合拳——依托于内容、音乐、书籍、新闻、游戏等类别，

---

① 《杰夫·贝索斯：互联网下一任帮主？》，《21世纪经济报道》，2012年5月8日。

打造出一个生态圈，准备在影视和音像市场也放"一把火"。

从市场方面看，贝索斯频频"树敌"，其中最强劲的对手莫过于苹果公司。不过，他树敌的目的，却是为了引领一场积极推动用户体验走向更高水平的变革。用户总是对的，他们的需求和潜在需求，就是企业的责任。

在这种几近疯狂的以用户体验为导向的体验革命中，贝索斯本人的"能耐"更完美地呈现了出来，而他的付出，也得到了市场的认可，当由回报滚成的"巨大雪球"乖乖地溜到贝索斯眼皮底下时，相信他那招牌式的弧线微笑一定更加灿烂。

贝索斯其实也明白，如果不尊重用户、不为用户着想，他的大战略就完全失败了，毕竟自己的产品和服务是要卖给人的。

4. 既要懂得领跑，还得能坚持

人的理想，总会随着周围环境和内心所求的变化而发生变化，这是再正常不过的了。贝索斯这个"破坏之王"，自然也不会满足于仅仅做一家网上书店。

当亚马逊这条"河流"从涓涓的流水发展到浩浩荡荡时，横亘在他眼前的细碎砂石也一并被打磨得变了模样。在这个流域扩大的过程中，中国的一家电商网站卓越网映入他的眼帘，于是，我们看到了"中美合作"的一幕（下文详述）。卓越亚马逊（亚马逊中国）这个称呼，彰显的不是单一的哪家实力更强，而是资源的优化对接。藉由扩张脚步的迈出，贝索斯的"欲望"也燃烧得更加凶猛。

只是，这团火在某些人看来并不旺盛，甚至有悄然熄灭的嫌疑。

2011年4月27日，亚马逊第一财季财报伤透了投资者的心。大抵，自亚马逊成立之日起，这些新的投资者还没尝到久旱逢甘霖的滋味，总在"不温不火"中度日如年。在这份报告中，投资者清晰地看到，亚马逊第一财季度虽然创造了98.6亿美元的销售额，较之2010年同期的71.3亿美元增长了38%，但这不全然是真正能拿在手里的钱。其净利润为2.01亿美元，相比之下，2010年的2.99亿美元似乎更令人欣慰。而2011年的赢利比2010年下滑33%，让投资者觉得，亚马逊可能要遭遇"收益滑铁卢"了。

更糟糕的是，分析师预测亚马逊在2011年第二财季，业绩可能会上升，但亚马逊本身的预期则依旧难以达标。

昔日那个站在巴诺书店面前，一副盛气凌人姿态的贝索斯不见了，转而在逐步发展中显出疲态。对于财报上"不堪入目"的数据，他说："我从不想去弄清楚它，我的工作是建设一个可以长久存在的公司……我们不排斥被误解，然后低头专注做认准的事、坚持我们的理念。"[①]

亚马逊就像贝索斯的孩子，他知道什么时候"喂奶"，眼前的一切计划和方案，只要他觉得有价值，是一定不只要求短期赢利的。

事实上，若抛开亚马逊本身业务，其在2006年的一个大计划，可能是让投资者们认为那是拖累亚马逊的一个重要原因。

今天来看，云计算的概念已不陌生。但在2006年，知晓者寥寥无几。在这种冷清的环境下，亚马逊一马当先，成为在全球范围内最早提出云计算概念的公司。

这项大计划的提出，在某种程度上引起了5年后财报不光鲜的"蝴蝶效应"。原因很简单，为了这项计划，亚马逊在研发上投资巨大，致使当年股票较之2004年下跌50%。这显然不是睁一只眼闭一只眼的事，也难怪投资者们唏嘘不已了。

2006年，投资者们大多还是各怀"鬼胎"的，可自己投进去的钱，也还是指望见到回报的，毕竟他们不是贝索斯这样的"胆商"。而贝索斯还是依然如故，持续地发挥着自己打破他人思维框

① 亚马逊的进化，《环球企业家》，2011年4月。

架的智慧，在股价下挫的情况下，不遗余力地加大投入。

贝索斯不是孩子，不会干幼稚的事，就像他说的那样，他关注的是公司的长久发展。要实现这个宏伟目标，眼前的患得患失自不必放在心上。当然，他心里还是有一本账的，他得估算一下这项计划后续推力到底有多大。

事实上，亚马逊的云计算服务，不单单得益于贝索斯个人的独特智慧，也得依托于用户的需求，没有销路的买卖谁都不会干。在云计算服务推出之前，亚马逊就已经建成了庞大的IT(信息技术)系统，该系统建立的初衷，是为了应对亚马逊销售高峰期的紧急情况。遗憾的是，销售高峰期并不存在于亚马逊整个销售链条的所有时期，即在"淡季"时，该系统的很多资源都无端浪费了，可又必须持续投入加以维护——这事儿太麻烦，不等于空耗资源，白白浪费资金吗？

幸运的是，贝索斯还没去想或没落实自己的对策，解决办法却自然而然地出现了。当时，亚马逊闲置的资源，恰恰是许多企业所需，可他们眼下又没钱做先期投入。

这下好了，"一个愿打一个愿挨"，亚马逊在2005年时推出了云计算服务。其将闲置的运作能力向外出租，这下就没有淡季、旺季的差异性分化了。

闲置资源得到了利用，但这绝非简单的出租空房子，然后等着收租金的轻巧事儿。提供给客户的资源，需要复杂的技术维护，资金上的投入也不小，亚马逊为此还是要变本加厉地在这上辛勤耕耘，以确保技术上的领先和服务的到位。

亚马逊最初的图书业务量巨大，客户基础很雄厚，所以云计算服务在起步阶段就没愁过无人问津，一直是门庭若市。2006年，亚马逊将云计算服务系统进行了升级，继而成为该概念的倡导者，也是最早的实践者。

亚马逊首席技术官沃纳·威格尔曾说，"正是因为亚马逊的零售商出身，且长期专注在用户需求上，所以在向大量中小企业提供IT系统基础架构时，体现出比其他高科技公司更好的成本控制力与服务用户的能力，这是亚马逊的云计算当下领先的原因。"①

虽说亚马逊的云计算领先，但亚马逊2011年第一财季的财报，让投资者觉得贝索斯是在"赔本赚吆喝"，利润少了，分红自然就少。贝索斯倒是一脸的平静，还是大张旗鼓地搞这项服务。因为他知道，终有一天，那些投资者会像当初忍辱负重了6年的那些投资者一样，对他今天的决定拍手叫好。

从数据上看，云计算服务在2010年为亚马逊贡献了5亿美元，即便这块业务斩获的收成和全年的342亿美元不可同日而语，但包括《纽约时报》、纳斯达克证券交易所在内的40万家企业客户，则一同成为这5亿美元之外的大收获。有如此庞大的客户群体，还愁在未来不丰收吗？

难怪贝索斯信誓旦旦，在亚马逊，云计算服务如同一粒种子，我们都知道它将来会成为大树，会对公司营收影响巨大。因此，眼下的一切投资都值得，即便短期内赢利下降或投资者有质疑。

云计算的出现，让亚马逊成了时代的领跑者。在资源庞大且难以有效整合的现实下，贝索斯能超前地提出极具时代意义的构想，自然证明其眼光非同一般。

---

① 《贝索斯：云计算是亚马逊的一粒种子》，《中国经营报》，2011年5月1日。

当然，每项决策都伴随着一定的风险，眼光长远者所提出的一项计划，极可能会遭遇大多数人的反对，此时坚持就变得尤为重要。以今日大部分中国的中小企业为例，它们更多挣扎在生存及再度发展的关键点上，因此，一项长远决策对这些企业而言显得格外重要。只是，在这些企业中，有多少决策会被称为"战略性"？而当战略性决策出现时，他们又会如何对待呢？

贝索斯在这一点上几乎没有犹豫，他一次次地用行动告诉世人：什么事情都别太急，也别只看眼前得失，脑子里要有大战略，要静下心，不论风吹浪打，都胜似闲庭信步。过上些时日，你且再看。

这话不假，可不是所有人都是贝索斯，也不是所有大战略都能被人坚持到底，贯彻落实。往往，人们心中那个大梦想，总会在现实的摧残下变得弱不禁风，最后如霜打过的茄子一样，蔫了。

贝索斯却不一样，他心中的每个计划几乎都会在几经盘算之后落到实处。2013年4月19日，前途尚不明朗的亚马逊云服务似乎开始寻找自己的出路。亚马逊个人云储存服务（Cloud Drive）登陆中国，其完全针对中国消费者。显然，贝索斯此举，是其"大中国战略"的步骤之一。

登陆中国，就意味着与中国国内的网盘服务商展开了竞争，这包括百度的Netdrive、微软的SkyDrive、金山的快盘以及北京袋鼠网络科技有限公司的酷盘等。即便一下子与如此多强者"为敌"，贝索斯却还是一如既往地冷静。眼前的竞争对他而言不算什么，长远的发展和不懈的坚持才是最重要的。

可惜，亚马逊的Kindle系列产品计划2013年5月1日在中国内地上市，结果并未如愿，直到2013年6月7日，该系列产品才姗姗来迟，进入中国内地市场。缘由不得而知。但亚马逊Kindle服务的市场因Cloud Drive在中国的登陆而被打通了。毋庸置疑，这可能又是贝索斯长线战略中的一步棋。

长远的眼光，总需要不折不扣地坚持，这对任何企业来说都是老生常谈的说辞。只是，抛开一味追求"高级理论"的心态，这种返璞归真又有几人能做到呢？

不论今天亚马逊的云计算到底怎么样，也不说其未来是否会如今日那些质疑者说的：是亚马逊的累赘，抑或那些乐观看待者口中的"决胜点"，我们总会从这件事中得到一点经验：时代需要先行者，他们的动作永远快人一步。虽然眼下要付出"水土不服"的代价，但这跟他日的高人一筹相比，又算得了什么呢？

5. 立足原点，发散外围

电商之地，硝烟弥漫，前方迎兵，后方伏敌！

盘点一下全球范围内的电商，实在难以计数。若只是选出其中的佼佼者，可能有失公允，因为互联网时代的印象，就是"一夜暴富"。眼前看着不起眼的一家网站，说不准一夜之间就登上某排行榜，而"老字号"也是有可能瞬间一败涂地的。在这个变数四伏的领域里，你总得掌握大伙都会的功夫，才敢声言自己是某某门派的。

贝索斯的云计算历经几年时间，却依然被许多人不看好，觉得凭这项服务赚钱并不可靠，而当亚马逊开放第三方平台的战略推出后，人们惊异地发现，这个战略就是亚马逊的一棵"摇钱树"！

说起此事，还要以亚马逊中国作为起点。

在中国这片广袤的土地上，资源的丰厚令国际公司瞠目结舌，他们中间，有些行业的魁首们早已深挖多年，可仍旧见不着底儿，这让他们欣喜若狂，于是我们看到越来越多的跨国公司在中国扎根，并繁衍生息。

当电子商务在全球点燃了第一把火后，eBay（易贝）等大牌的C2C（个人对个人的消费）电商便迅速在人群中沸腾起来。值得一提的是，eBay当年气势汹汹地喊着要封杀淘宝，可最终在"马云策略"之下还是折戟沉沙。而由此，我们可以马上联想到贝索斯的亚马逊。

2004年，亚马逊以全资方式收购中国的B2C电子商务网站卓越网，将其纳为自己旗下的全资子公司。在贝索斯看来，进入中国市场对于拓展亚马逊的版图益处甚多。而从一般人的思考角度看，中国众多的人口也为B2C类电商的存活补给了充足的食粮。这才是关键。

2011年7月，亚马逊中国对外宣布"我要开店"（kaidian. amazon. cn）和"卓越亚马逊物流"服务正式推出，这意味着亚马逊中国正式开放第三方卖家平台。言外之意：亚马逊的第三方平台开放了，也就是买卖双方都可以来我平台，尽情展示商品和享受服务。

"为消费者带来更多选品和更有竞争力价格，并帮助广大卖家进一步开拓自身业务。"[1] 这似乎可看成是亚马逊中国开放第三方平台之际打出的诱人广告，虽然电商们大同小异，不外乎提供一个平台让大伙在其上自由贸易，可毕竟名震全球的亚马逊开启了第三方平台，这还是很有吸引力的。

适时立足原点，在企业自身资源环境合适之时对外拓展业务，不失为是明智之举。第一，能优化资源配置，使内部资源较好地与外部资源对接，扩大产品类别。第二，提升竞争力。

以中国互联网公司腾讯为例，一款即时通讯产品QQ，便成功地令其成长为中国互联网界的一朵奇葩。其所谓的立足原点，便是锁定即时通讯，以此发端，终而凭借一款QQ的巨大黏性成功地发展出一连串的连带产品和服务。

企业在找寻自身立足原点上，应该着重勘察合适项目，锁定之

---

[1]《卓越亚马逊开放第三方卖家平台，提供物流服务》，《中国商报》，2011年7月。

后，精耕细作，绝不在最初便盲目扩充。而后渐次发展，在最初原点上纵深拓展，一面细化原点深度，一面将"点"变成"线"，再将"线"变成"面"，如此发展，自然一顺百顺。

亚马逊的这一平台，包括了前端的商品陈列、推广营销、支付以及后端的仓储、物流、客服等服务，在"我要开店"平台上，卖家也一样能像在淘宝上开店售货一样，同时可享受亚马逊中国提供的仓储、发货、配送及售后服务。与后来的"全球开店"相比，先期的"我要开店"有着更为简单的注册步骤，且无加入费、无年费、无平台使用费，同时，"页面展示、个性化推荐引擎等站内推广服务和包括搜索引擎优化、邮件广告等在内的站外推广服务"也一应俱全。

贝索斯这么如此重视中国市场，是什么原因呢？

很简单，在他的大战略中，亚洲市场自然不可放过，而其中的中国更是重中之重。因而更贴心地去迎合一下中国人的胃口，不也是很平常的一件事吗？

毕竟是刚刚开放第三方平台，亚马逊对此极为重视，在诸项审核上亦是做到了详细周到。

对于电商公司而言，如果它的仓储、物流出现问题，公司的业务必然会受到重大影响。相信贝索斯对此早有耳闻，而亚马逊中国也果真不负众望，有消息称："（亚马逊中国）为卖家提供仓储物流服务、覆盖范围广阔的货到付款服务及多种付款方式，并由7天24小时不间断服务的客服中心帮助卖家完成退、换货等售后服务。"[1]

---

①《卓越亚马逊开放第三方卖家平台 "我要开店"上线》，《出版商务周报》，2011年7月。

中国战略，是一项长期而艰苦卓绝的战略，容不得半点差错，一旦让用户体验成为扎根中国市场的桎梏，那么只有死路一条。

而从贝索斯心中那个尚未圆满的"亚马逊战略"来看，迈入中国市场并一步步稳健前进，也不是计划的全局和终极标靶。值得一提的是，"我要开店"第三方平台的开放，使亚马逊中国从B2C向C2C转变，这在某种程度上为中国卖家与国际"接轨"提供了可能。更重要的还在于，亚马逊以此更能拓展中国市场，而这种现实也被业内人士看好，并称"我要开店"不同于其他中国电子商务第三方平台。

看来，亚马逊进军中国，是个双赢的决断。中国的网购市场因此而如沐春风，反过来，贝索斯的计划也将更有了稳步落实的可能。

当亚马逊中国的"试水"工作卓有成效之后，贝索斯又开始了新的动作。

2012年3月，看到了电商第三方平台所带来的巨大效益和聚拢起来的用户群体，亚马逊推出了"全球开店"业务测试版。这是"我要开店"和"亚马逊物流"的"升级"平台，显然，无论平台本身还是物流，都有了很大的进步。

既然叫"全球开店"，其目标客户自然稍有不同。"我要开店"面对的是中国用户，而升级了的"全球开店"则把国际市场作为开端，也就是说，亚马逊计划在全球范围内实现种族不同、肤色不同、信仰不同，当然，地域也不同的同步开店。

这的确不同凡响！这标志着，亚马逊中国成为国内首家向卖家提供B2C国际化平台的电子商务企业。

当时，亚马逊中国前总裁王汉华称，"这一平台比上述两平台更加完善，且客户群面向全球，其运作模式则是，企业将产品存入全球各地的亚马逊运营中心，继续由后者进行统一配送和售后管理。"①

从国内升级到全球，在业内人士看来，贝索斯此举，实在高明得令人振奋，其等于是"避重就轻"，以四两拨千斤之法轻易躲开了与众多电商的"白刃战"。有消息称，国内众多电商巨头都开始在开放第三方平台上跃跃欲试，如此竞争盛况，想来贝索斯是不想参加的。当那些电商巨头们都忙着涉足此领域，以细化电商市场之际，贝索斯则来了个急转弯，马上朝另一个方向奔去。

事实上，贝索斯的此次举措再度展现出了自己眼光的独到之处。亚马逊有着全球化布局的网络和技术优势，这自然为其避开了在其他国家与国内同行们的"巷战"。转而，藉由自身特点，又能找到新的赢利点，实在是"旱涝保收"。

当全球化布局开始变得晴朗无比时，更多人开始看好亚马逊的此次华丽转身。2013年2月5日，美国《连线》杂志刊载文章指出，亚马逊第三方卖家销售商品的价值已经超过了亚马逊自己。

以下摘录文章部分内容：

尽管多数人仍认为亚马逊是一家在线销售公司，但是如果它能转型成为一家销售其他人商品公司的话，或许要比我们想象的更具竞争力。

亚马逊没有公布通过其网站和应用销售的商品总额。2012年，亚马逊自己销售的商品总额超过了510亿美元。不过，这一数字并不

---

① 《亚马逊第三方平台瞄准国际化企业》，《第一财经日报》，2012年3月30日。

包括第三方卖家通过亚马逊销售的烤肉架、橡皮船、USB数据线等大量商品的金额，第三方卖家通过亚马逊销售商品仅向亚马逊支付一定的佣金。

然而，这并没有阻止观察亚马逊的市场人士试图猜测通过亚马逊的商品销售总额，不论卖方是第三方还是亚马逊自己。一些市场人士已经得出了一个惊人的结论：第三方卖家通过亚马逊的商品销售额如果不是更多，那么至少是与亚马逊自己的商品销售额相当。

亚马逊首席财务官汤姆·斯库塔克在公司最近的财报电话会议上表示，2012年第四季度，第三方卖家通过亚马逊销售的产品数量占到了亚马逊销售产品总数的三分之一以上。这似乎表明，流向亚马逊的大部分钱是直接向亚马逊购买商品的。

不过，Channel Advisor首席执行官斯科特·温格却认为，亚马逊销售的商品平均单价较低，亚马逊直接销售的大部分商品为小件媒体产品，如书籍、电影、音乐和视频、游戏等。亚马逊把在其网站上销售的产品分为两大类——媒体产品和"电子及其他日用品"。斯科特·温格表示，第三方卖家销售的商品大多数为第二类商品，这类商品的平均价格更高。

斯科特·温格认为，2012第四季度，第三方卖家在亚马逊上的商品销售额大约为205亿美元，比亚马逊自己的销售额多20亿美元。

尽管亚马逊报告其营收不断增加，但增速正在放缓，这令第三方销售增长对于增强作为面向全球销售平台的亚马逊的实力更加重要。亚马逊财务长汤姆·斯库塔克在亚马逊财报电话会议上称，第三方卖家销售额的年增长率超过了40%，高于亚马逊整体的平均速度。从这点来说，第三方卖家销售增加让亚马逊看上去像一个更加强大的吸引资金的磁铁，即便并不是所有的钱都是给亚马逊的。

......

在亚马逊公布2012年第四季度业绩前，美国投行Stiefel Nicolaus
的分析师约旦·卢汉在致投资者的报告中称，他认为亚马逊自己销
售的商品额与第三方卖家在亚马逊上的商品销售额相差无几。

卢汉认为，到2015年，亚马逊的商品销售额将达1 800亿美元，
大多数将来自第三方卖家。他指出："即使在电子商务领域的统治
地位不断加强，但亚马逊的业务模式仍需不断发展。"

如此看来，贝索斯的第三方平台计划可谓是"大获全胜"。而
从最初的收效和后期的预想来看，这也是"亚马逊战略"中一个阶
梯式的成果，对完善亚马逊本身对用户的吸引力，有着莫可名状的
神奇功效。贝索斯的这次"外围战"打得实在漂亮！

6. 为用户提供最便捷的服务

你一定有过这样的体验：周末，在晴好的天气下，或开车或徒步到一家超市，从日用百货到家具用品，从橱柜、衣柜到家电器具……推着购物车，享受与外面阳光般一样的温暖服务，偶尔拨打出一个电话，询问家中是否缺了某件物品……这样的场景更容易发生在女士身上，但在此所要谈论的重点不拘于此。你可以发现，在这样的超市，你想要的一切都能买到。

而贝索斯在互联网上就想打造这样的超市。亚马逊正在朝着这个方向走去。或者说，它已经实实在在地存在于你的生活中了。而其突出且极具特色的"一站式"购物，把更切实的体验带给了用户，的确值得称赞。

下面，为了方便解读贝索斯这一理念，我们应该从三个"一站式"入手，窥一斑而见全豹。

第一，"一站式"购得卫浴产品。

2010年11月，美国著名卫浴品牌科勒入驻亚马逊中国，对科勒来说，这是首次"触网"，亚马逊中国也因此成为其首家品牌合作的B2C网站。2011年后，亚马逊中国再度发力，与国际知名卫浴品牌美标达成战略共识，锦上添花的是，全球第一大卫浴品牌汉斯格雅在中国的B2C独家合作伙伴的桂冠，也一并被亚马逊摘得。

显然，这两大品牌的进驻，让用户的选择更加多样化。而继推出的低至4.5折的优惠，又让用户花费更少的钱，而买到更多的东西。

时代发展的需要，往往决定了企业在其领域探究的深度。早期，受制于消费需求及卫浴产品本身的配送约束，卫浴的在线销售比起其他日用百货，显然让买卖双方都有更多的顾虑。以中国市场为例，直至2010年开始，卫浴产品方才在线上"试水"，与此同时，配送服务的成熟，也解决了买卖双方的后顾之忧。

时任亚马逊中国副总裁郭朝晖表示："亚马逊中国大家电从电视、空调、洗衣机、冰箱、抽油烟机、灶具等家用电器不断向厨房、卫浴扩展，最终是想为用户打造"一站式"的购物体验。自2010年上线以来，卫浴品类以年增长近10倍和月增长超过7倍的速度猛增，受到了用户的认可。到目前为止，我们能够为全国300多个城市的用户提供免费送货上门的服务，极大地方便了二三线城市的品牌爱好者。"①

这两个品牌在亚马逊的安家落户，在丰富了此平台选品之余，更无限地扩充了自己在线销售的市场。而对用户而言，亚马逊做到了解放用户的"双腿"，让他们只需坐在家中轻点鼠标，就能将原本只在高档家居建材城才能购买到的知名卫浴品牌产品，通过低于市场价20%～30%的价格拿到自己手中。当然，此后的售后服务绝不比实体店差。

这里说的卫浴"一站式"购买，通俗地说，就是从坐便器、洗

①《亚马逊涉足卫浴品类，推一站式购物》，《北京商报》，2011年3月9日。

手盆到淋浴房、按摩缸等一应俱全，加上品牌的知名度高、价格实惠，你能不动心吗？买卖双方都看到了实惠，又再次上演了"一个愿打一个愿挨"的片段。

第二，"一站式"购得赛事用品。

2010年第16届广州亚运会，虽然不是全球性的体育盛宴，可在亚洲范围内来讲，依旧有着浩荡声势。若说卫浴产品上的"一站式"体验，是为了让用户的居家生活得以改善，那么在广州亚运会上的棋高一着，就更能凸显亚马逊把用户的全方位体验放在心上了。

估计在这场体育盛宴中，体会到"亚马逊式"服务的用户都倍感幸福。我们想象一下，坐在家中，在亚马逊上一番东点西点，不也仿佛置身于一间实体超市之中，看见中意的物件就往自己的购物车里放吗？这真是很酷的体验！

在广州亚运会上观赛的市民们，就切实地体会了一回。

望远镜，一向是观摩体育比赛的绝佳武器，亚马逊为此打造出便携式、户外、防水、高清等不同类型的望远镜货品架，只为让市民无所阻碍地尽享体坛之风。而55元的起价的确物超所值，让人不禁有了"诱惑太深"的感慨。

望远镜只是看，而摄影、摄像产品则有了录的功能。亚马逊一样想得周到，为用户精心准备了数码摄像机、便携数码相机和专业单反相机，每一个精彩的画面，都可以在用户手中瞬间定格。

除了把赛场观众进行武装，亚马逊也一样没落下未能到场观摩赛事的观众。"迎亚运盛惠"专题，是亚马逊用心为难以亲临现场观看比赛的市民开展的，彩电、家庭影院、迷你音响、家用投影仪等近700款大家电，都可实现赛事的再现。

　　不但如此，亚马逊还推出了用CMMB（中国移动多媒体广播）、移动电视和CMMB手机看亚运的专题活动，且价格实惠。

　　如果进一步罗列亚马逊在这场亚运盛事上的用心良苦，还得再说说运动服饰和户外装备。从耐克、阿迪达斯、卡帕到李宁等知名运动品牌的帽衫、运动夹克、T恤、运动套装、健身服、球帽等运动服饰产品，都被纳入了亚运服饰专题中，而踏步机、哑铃、臂力器等专业运动器械及乒乓球、羽毛球、网球、排球等球类用品，连同让人意想不到的运动和减肥塑身效果俱佳的跳舞毯，也同样很合时宜地出现在此类专题中，并大放异彩。

　　相比之下，食品类，比如薯条、可乐、爆米花等，就更自不必说，它们可一向都是体育赛事上的"座上宾"，而它们也一样都会在亚马逊上一一露脸。如此说来，看一场体育赛事所需的附加产品及连带产品，走进亚马逊就可以全部搞定了。

　　第三，"一站式"购得办公用品。

　　人们的家居生活用品开始在便利中有了品质的抉择，而在办公上也应如此畅快淋漓。这不，亚马逊还没等你开口，就已想到了前头。

　　在办公用品上，个体消费者在线上消费大军中充当的或许不是绝对的领导角色，毕竟一台海德堡打印机绝不是普通人家随意便能购买的，当然，桌上用品及文件存放案夹等小物件，则一样因线上的快捷和物美价廉而备受追捧。

　　中小型企业，其实才是这类商品的消费大军。

　　亚马逊中国自2010年8月上线的办公用品区，紧接着便桃花盛开般地绚烂起来。在很短时间内便取得了3倍增长的硕果，令人欣喜。加上"天天低价"的无限魅力，更推动着越来越多的中小型企业在亚马逊上"大肆收掠",淘到需要的物品。显然,这又为亚马逊营业额的提升作出了很大贡献。

为了让用户在亚马逊上没有选择障碍和购买犹豫,亚马逊中国进一步扩充货源和品类,办公设备、打印耗材、办公用纸、桌上用品、文件档案管理等几类近万件商品齐聚于此,晨光、英雄、百乐等知名品牌无一遗漏地进驻亚马逊,如此繁多的商品,自然能满足用户需求。

时任亚马逊中国办公用品负责人崔宏巍表示:"我们希望为中小企业及个人用户打造值得信赖的一站式办公用品采购服务。除了继续坚持'正品行货'为用户提供值得信赖的服务,不断扩充选品给用户更多选择,我们还要打造'天天低价'的最实惠购物体验。本次满100减15活动是对支持我们的用户的一次回馈,我们将继续为广大用户提供天天低价的一站式采购服务。"[1]

一家公司采购部的人员表示:"以前给公司采购办公用品至少需要对比约十家供应商才能购买齐全。现在通过亚马逊中国购买办公用品不仅有质量保证,价格便宜,还免费送货上门服务,有效地降低了我们的成本,非常便捷。"[2]

三个"一站式"购物体验,只能掀开亚马逊这座雄伟高山的一角,尚有巨大的宝藏等待有需求的用户开采、挖掘。今日的亚马逊,虽然还是那个一提起来就让人把它与图书的渊源娓娓道来的知名公司,但在时代变迁和市场需求的双刃剑下,其经营范围已经广泛,包括DVD(数字多功能光盘)、音乐光碟、电脑、软件、电视

游戏、电子产品、衣服、家具等，今天的用户，真的能做到推着亚马逊的网上购物车，完成"一站式"购物。

"为用户提供最便捷的服务"的理念，正被亚马逊努力践行着。而这一理念也不应该是亚马逊的专利，任何一个企业，都应该努力为用户提供他们所能想到的和未曾想到的便捷服务，这才是基业长青之法。

苹果公司曾经的"舵手"乔布斯，就是个旨在将用户的潜在需求挖掘出来的卓越领导者。在他眼中，用户有时并不能清晰地为企业描述他们想要的东西，只有企业整合多方资源，加大研究力度，把整个市场的潜在需求深挖出来，最终才能把完美呈现给用户。更重要的是，提供需求不是最终目的，便捷服务才是重点。

今天的亚马逊，在贝索斯的"用户总是对的"的理念指导下，完成了一次次质变，打破了时代的局限和人们的想象力。或许，在他脑海里，这个世界都应该变得如轻点鼠标就可以获得想要的一切那样直白，无需挖空心思去为减免零头而费尽唇舌。

幸运的是，他做到了，而且他博得了大部分人的赞誉和认可，这已足够。

四

冲出亚马逊

1. 收购——打入中国市场的招数

谈及企业收购，这似乎总是"一把双刃剑"。通常来说，收购其他企业若能做好以下三方面准备，才能有较高的成功率，才能让收购后的企业良好地运营。

第一，进行收购之前的资源对接。

即便是同类企业，相互间在融合之后，在管理、体制上亦会有所差别，做不到事先的处理，收购等于是自找麻烦。

第二，重叠品类的妥善处理。

在收购之前，需要对所购企业进行细致调查，对比自由品类与其品类是否能相互糅合，做好必要的"增删"工作。

第三，保持投入资金的充裕。

收购企业这一举动本身就是费钱的事，当购得企业之后，再次投资就是必然，所以收购之前就要保证有足够的现金流应对一切潜在事件的发生，切勿只看收购之果，忽略收购之因。

亚马逊收购卓越网，虽不能说已把上述三点全部做到，可从今时今日的现实来看，贝索斯一开始就走了"正确的路"。事实上，纵然收购卓越网并不是最好的选择，可亚马逊以此为发端，进入了中国，这应该是贝索斯最想做的事情。

从目前亚马逊中国的发展看，收购卓越网不见得是什么坏事。更重要的是，贝索斯此剑一出，也等于让亚马逊"中国化"了。中国这片沃土，向来是国际商家必争之地，全球一盘棋，贝索斯也不例外。用卓越网搭建起的这一桥梁，成功地为亚马逊的中国战略铺设出了一条坦途。

在细说这段姻缘之前，我们有必要简单了解一下卓越网。

卓越网也是一家B2C电商网站，成立于2000年，是雷军和陈年创办的，主要出售图书、音像、软件等。这家网站并不赢利，但在中国知名度倒是不小，这可作为贝索斯选中卓越网的原因之一。毕竟，要想打入中国市场，要选择一个恰到好处的切入口，无疑，有一定知名度的平台是个相当可靠的起点。

在收购之前，亚马逊并不是很快就选择了卓越网。当时，联想、当当网也一样入选。与联想相比，卓越网和当当网似乎更符合贝索斯的胃口，加之它们的业务吻合度最高。而就当时环境来说，国内电商们渴望亚马逊这个国际大佬能抛出橄榄枝，于是纷纷表达了对此次"合作"的诚意和热情。

卓越网管理层表示，亚马逊此次来华，主要目的是考察卓越网，卓越网的投资方联想控股有限公司、金山软件股份有限公司已经与亚马逊有所接触。言外之意，别人就别谈了，这棵"大树下"只有卓越网能"乘凉"。而当当网也不示弱，称早就跟亚马逊接触过，故而此次他们的考察目的不言自明。

从当时的情况看，两家国内电子商务网站互不相让，都不愿失去眼前这个绝佳的机会。当然，主动权掌握在亚马逊手中。2004年2月15日，亚马逊高层与联想集团董事长柳传志以及联想投资公司总裁朱立南等的会谈，似乎表明亚马逊将与卓越"联姻"。

除了商谈，亚马逊还安排了考察卓越网正在扩建的呼叫中心和物流中心的行程，之后还将与卓越网领导层再次详谈。

从如此频繁的接触上看，当当网似乎是"没戏"了。不过，此时的李国庆和俞渝似乎并不甘心。他们对外表示，亚马逊来华的目的就是要跟当当网商谈合作事宜，同时还提到当当网在2004年1月对媒体发布的获得老虎基金1 100万美元投资的信息。如此看来，这件事情越让人迷惑不解了。到底亚马逊更倾向谁呢？

事实上，亚马逊与卓越网的屡屡接触就已说明了问题，当时当当网可能仅仅是为了吸引亚马逊过多关注自己。而在当当网发布过老虎基金投资的消息后，亚马逊管理层则惊讶地说"完全没听说有此投资之事"。并声明，除了卓越网之外，包括当当网在内的其他企业都可能被亚马逊礼节性拜访，可这并不表示接下来会有合作的展开，即这只是一般性访谈，没有任何特殊意义。

当这样的言论出来之后，当当网管理层也算是死心了，而外界对于亚马逊的倾向也更为明了。

其实，这还不是事情的全部。

贝索斯更渴望提前打入中国市场，该计划原本定为2006年。最终收购卓越网，让其计划提前了两年（不过，计划提前只能"偶然"地落在了卓越网身上，这个功劳其实应属当当网）。亚马逊是全资收购卓越网，当当网方面的设想，却是合作的趋向更多一些。

谈到当当网，俞渝功不可没。她向李国庆展示了亚马逊网上书店的业务模式，并称那就是今后图书分销业的未来。李国庆眼前一亮，顿时拍手叫好。在接下来的几年时间里，当当网，获得了多家风险投资公司的青睐，开始如亚马逊一样在中国市场上做起了

"书"的文章。

李国庆、俞渝夫妇立志要做"比亚马逊更大的网上书店"，这一理想在前景一片大好的现实面前，也开始清晰起来。据当当网提供的资料称："到2003年，当当网已经完成了8 000万元的总销售收入，盈亏已经基本达到平衡，而成长速度则超过了100%。当当网的估值已经达到7 000万美元。"①

如果你还没有获得成功时，你会觉得整个世界都在针对你，相反，一旦你功成名就，整个世界都会向你伸出援助之手。当时的李国庆和俞渝，就是这种感觉。

2003年8月，虽然当当网本身的能量爆发，全球知名财经媒体《经济学家》杂志也适时地来凑热闹，发了一篇盛赞当当网的报道，说它是亚马逊模式的成功复制者，其无疑在创造着一个中国内地的电子商务奇迹。

这篇文章在杂志上发表不久后，贝索斯便知道了当当网。

此时，贝索斯已经制定了进军中国市场的计划。一位业内人士称："亚马逊目前已经在加拿大、澳大利亚、英国、德国、法国、西班牙和日本建立了自己的国际销售网站，但是亚马逊还未进入中国这个世界上潜在消费最大的市场。他们曾经制定过进入中国的计划，但是还未曾开始。现在当当网给了它一个机会。"②

的确，当当网需要一个机会，亚马逊也需要一个机会。那么，双方的需求是否恰好吻合？

2004年3月，亚马逊与当当网再度接触后，提出了一个合作计

① 《当当为何要拒绝亚马逊的1.5亿美元》，《21世纪经济报道》，2004年8月19日。
② 同上。

划：收购。开出的条件是，亚马逊以1.5亿美元的价格收购当当网70%～90%股份，同时，收购之后，当当网还是可以保留原品牌和团队。条件只有一个：绝对控股。

如果从当当网发展历程不长，赢利尚不凶猛的角度考虑，这次收购也算合情合理，只要李国庆和俞渝同意，收购便成定局。不过，当当网毕竟如同他们夫妇二人的孩子一样，一路看着长大，若是"出国留学"姑且作罢，可是现在是让"孩子"直接扎根外国，再也不回来了，这怎么行？

2004年8月10日，当当网董事会成员、IDG技术创业投资基金[①]总裁周全在接受记者采访时表示："亚马逊没有成功收购当当网，一方面是价格因素，另一方面是股权方面的因素，当然还有其他原因。"[②] 这里的"其他原因"到底是什么，周全虽未透露，但通过分析也可以了解丝丝端倪：李国庆、俞渝夫妇更希望亚马逊和当当网之间是策略性的合作关系，投资方与被投资方，而不是完全的从属关系。

在此之后，双方虽然又多次接洽商谈，可这事儿就如同钉在木板子上的钉子一样，一个设法把它拔出来，一个有意无意地再捶打几下，最终就完全搁置了。

此事之后，俞渝在总结此次"联姻"失败时认为："被亚马逊这样的国际大公司全盘收购，存在很高的风险，外国公司进入中国水土不服，而且大公司管理上惯有的一些毛病很可能会遏制当当网的发展势头。以往有很多国外大公司与中国企业间的并购案例并不

---

① IDG技术创业投资基金，简称IDGVC Partners，成立于1992年，专注于中国市场的专业投资基金。

② 《拒绝亚马逊1.5亿美元，当当为何不"嫁"？》，《通信信息报》，2004年9月2日。

成功，像联想与AOL[①]、方正与YAHOO（雅虎）等。如果过早地成为亚马逊在中国的分部，当当网很有可能会丧失创新的能力和激情。"[②]

当当网最终虽然拒绝了亚马逊的收购之邀，不过，贝索斯的中国计划却不会因当当网的退出而终止。或者说，亚马逊把卓越网纳入麾下，更看重了它的"听话"。

2004年8月19日，也就是在收购当当网失败后，亚马逊宣布其已签署最终协议，花费7 500万美元收购注册于英属维尔京群岛的卓越网。当然，其中不完全是现金——约7 200万美元现金，其余为员工期权。

对于此次收购，时任卓越网总裁林水星表示："成为亚马逊家族的一员对卓越网的客户来说是一个非常好的消息。客户至上是亚马逊的一贯宗旨，我们期待今后能够为卓越网的客户提供更好的服务。"[③]

卓越网创始人、董事长及最大股东金山控股有限公司负责人雷军也表示："这次并购是对卓越网四年多来取得的成绩的认可。我相信亚马逊在全世界的电子商务经验和卓越网创业团队的结合将使中国电子商务和在线客户体验更上一层楼。"[④]

而卓越网股东之一、时任联想投资有限公司董事长柳传志，对此收购也格外看好，他说："我们非常高兴亚马逊这样的世界级企业意识到卓越网在中国市场上的价值和潜力。我们期待卓越网在加

[①] 美国在线，英文全称为American Online，是美国时代华纳的子公司，著名的互联网服务提供商。

[②]《当当拒绝亚马逊收购》，《中国经济时报》，2004年8月12日。

[③]《美元至上，中国网站的宿命》，《北京青年报》，2004年8月20日。

[④]《亚马逊7500万美元买下卓越，网上书店山雨欲来》，《城市快报》，2004年8月20日。

入亚马逊家族后能够取得更大成功。"①

　　收购往往被看成是进入一个陌生"领域"的快速举措，只是那些欲行收购之举的企业，务必在此之前打好算盘，以免拓展不成，反倒为企业增加负重，令其举步维艰。

---

①《亚马逊牵手卓越，中国电子商务何去何从？》，《互联网天地》，2004年11月。

2.现在骨感，未来丰满？

著名营销大师菲利浦·科特勒[1] 说过，"如果说20世纪末期对跨国公司而言，是个繁荣的时代，那么到了21世纪的今天，当年的好景早已不在。跨国公司要想获得过去那样的成功，要比以前难得多。"

在收购卓越上，亚马逊的姿态很骄傲，以全资收购。但在接下来的运营上，亚马逊的姿态很尴尬，因为赢利是个坎儿。

就像当初俞渝说的那样，一旦当当网被亚马逊并购，纵使保留管理层和体系，但毕竟不是自己能掌控的时代了，一切都得服从公司安排和调度，而国际大公司在这方面的管理上，长期存在着桎梏，不是三言两语就说得清，也不是短期内就能变革的。

事实的确如此。大公司发展速度很快，体制上几乎呈现出一种"复制式"的味道，一切按部就班即可。只是，当国外企业与国内企业相遇，它们真能如想象般那样兼容吗？

贝索斯的中国战略虽然已经落实，并正式实施，不过令人诧异的是，他居然在收购3年之后才首度抵达中国北京的亚马逊中国总

---

[1] 菲利浦·科特勒，现代营销学之父，具有芝加哥大学经济学硕士和麻省理工学院经济学博士、哈佛大学博士后及苏黎世大学等其他8所大学的荣誉博士学位。

部，这却让人疑惑了。中国战略在他的日程表上自然被列为重点，而谈下收购卓越网的合作，也费了一番周折，之后双方都表现出了对于此次收购的乐观态势。难道这一切，都不足以打动贝索斯，让他对新公司充满热情吗？

这是2007年发生的事情，但至今仍盘桓在很多人的心头。

好在此次到访，贝索斯不是为了其他特殊的事情而"顺便来一下亚马逊中国"，而是专程莅临亚马逊中国。于是他的到来就理所当然地被看成是力挺卓越网（此时的卓越网，已更名为卓越亚马逊。2011年更名为亚马逊中国。笔者全称其为亚马逊中国）。他说："我们在中国的业务是全球范围内业务增长最快的一块，以三位数在增长。对于中国市场，我们有长期的发展计划，我们会在资金方面不断投入，促使它更快发展。"[1] 今天的亚马逊中国早已度过了最艰难的时期。

据易观国际[2] 数据显示：截至2006年第四季度，在B2C市场上，一路凯歌的当当网占据18.69%的份额，比亚马逊中国多了7.91%。

这样看来，在中国市场上，曾经的卓越网即便背靠亚马逊这棵大树，也不见得就能纳到最透心的"凉"。反观当当网，在李国庆、俞渝夫妇的不懈努力下，却一骑绝尘，遥遥领先，这实在是一个既让人尴尬，又让人惊喜的故事。

尴尬的是，贝索斯这个善于颠覆行业传统、创造市场奇迹的

---

[1]《亚马逊收购后三年：看贝索斯的"卓越网"走向没落难题》，《互联网周刊》，2007年6月。

[2] 易观国际，成立于2000年，是中国互联网和互联网化市场卓越的信息产品服务及解决方案提供商。

人，这次的决断却出现了偏差；惊喜的是，在中国市场上，本土电子商务网站当当网独领风骚。

如果说赢利上没有让贝索斯兴奋的数字，这已让他扼腕叹息，那么来自竞争对手的发难，则大有让他脸红的可能。

俞渝分别致信贝索斯、亚马逊投资人关系部门、美国证券交易委员会（SEC）及当当网投资人和董事会成员，称："卓越网从来就不是B2C领域的老大，但却以最大的中文网上书店自居，卓越网与亚马逊一直在对股东说谎。卓越网自称老大，影响了美国投资者对当当网的评估。"[①] 对此，贝索斯并未回应。这一次，这个电商领域的狂人很是尴尬。

而在2007年6月5日，俞渝在一个活动现场问贝索斯，你知道当当网吗？贝索斯只能环顾左右而言他。曾经那个眼光独到的贝索斯，在那一刻似乎刹那消失了。忖度之下，原因其实一目了然。此时的卓越网刚刚进入亚马逊体系当中，本身并未习惯那种国际化的管理，加上亚马逊还没在真正意义上完全认可卓越网，名字虽更为"卓越亚马逊"，可与亚马逊全球其他5个分站对比来看，它还没能被亚马逊以"Amazon"的统一品牌出现。或许，当时，贝索斯还没有做好准备。

他没准备好，市场可不等人。

若说收购卓越网是双方的一见如故，倒不如说是亚马逊单方面的"赌气之嫌"。当初，亚马逊欲打开中国市场之时，分别拿到了卓越网和当当网的财报。显然，从出资上看，亚马逊更倾向拿下当

① 《贝索斯的卓越难题》，《互联网周刊》，2007年6月。

当网，只是那种合作方式和价格稍有偏差，导致了并购的终结。转而，亚马逊一转身，顺利拿下了卓越网。而这也就标志着，亚马逊短暂噩梦的开始。

其实，这次收购没能给原卓越网的员工带来多大甜头，不少中层甚至一点补偿都没拿到。一位知情人透露："卓越被收购之后最大的获益者是联想投资和雷军，其他人实际上没有得到很好的安抚。"①

亚马逊只安抚了管理层，对于中层和员工则没有承诺。而陈年在2005年12月于自己博客中的道白，则更让人浮想联翩："15个月锁定期结束，从此两不相欠。卓越网可以做更多的事情，希望他们少一点企业政治，少一点人浮于事，少一点慢性自杀，少一点隔靴搔痒等等。就卓越网，我所珍惜的已不再拥有。"②

当第一个多米诺骨牌倒下了，不到最后一个倒下，这个连锁反应是不会停止的。接下来发生的烦心事儿，更徒增了此次收购的"伤悲"：2006年6月，卓越网音像部总共7个人的团队中，有5人投奔了竞争对手当当。

紧接着，时任"卓越亚马逊"总裁王汉华，也开始"全球协同"起来，紧随亚马逊"大而全"的商业模式，而一改当初"少而精"的精品路线。接着，北京、苏州和广州都有了亚马逊中国的仓储中心，总面积达3.5万平方米。如此大的动作，看似亚马逊中国会有一个跳跃式的发展，却不知，这是为巨大亏损埋下伏笔。

另一方面，所谓"食君之禄，担君之忧"，王汉华拿着亚马逊的钱，就一定得给人出谋划策。为了与当当网一较高下，亚马逊中

---

① 《贝索斯的卓越难题》，《互联网周刊》，2007年6月。
② 同上。

国不但接连在价格上一低再低，更于贝索斯到华当天推出了免费送货的服务。以前，这一待遇只有消费满99元的用户才可以享受。

这一系列"疯狂"的举动，都让亚马逊中国更加靠近寒冷的"冬天"。据易观国际数据显示，2006年第三季度，当当网营收为2.7亿元，亚马逊中国则仅为1.1亿元。而就在3年前，独立于亚马逊存在的卓越网还创造了1.6亿元的营收，当时的当当网却仅有8 000万元。难道，亚马逊的出现，反倒让当初单打独斗的卓越网深陷困境了？还是卓越网对亚马逊的"关爱"水土不服？

一位业内人士替亚马逊中国算了一笔账："卓越网去年（2006年）仅在和搜狐的合作项目中就亏损1 000多万元，其物流体系也同样亏损超过千万元，在图书销售上的亏损达几千万元之巨，再加上运营成本总共亏损9 000万元并不是空穴来风。"[①] 这么大的亏损数额，贝索斯和王汉华肯定不会对外界承认的，可他们也拿不出"证据"予以反驳。不论亏损的数额到底是多少，有一点已能证明——肯定是亏损了。

如果非要分析一下亏损的原因，请看以下几点：

第一，对于亚马逊中国，亚马逊总部的确给予了支持，可这种支持力度并不大。

第二，贝索斯不是真正意义上的"中国通"，否则让他在中国市场上再打造出一个亚马逊，也不见得就是难比登天的事儿。

第三，作为领导者的王汉华，被外界看作是亚马逊中国亏损的头号责任人，而其信任度据说也遭到总部的质疑，并于2012年11月底离开亚马逊中国，不知是真的如爱情般难过"七年之痒"之坎

---

① 《贝索斯的卓越难题》，《互联网周刊》，2007年6月。

儿，还是引咎离职，用退出为自己的"能力不足"现身说法？

王汉华在职时倡导组建的3个大型仓储中心，被看作是成本激增的一个重要原因。据悉，亚马逊中国一次性租下未来3年的仓储面积，这使其必须一次性支付未来3年的仓储空间费用。相比之下，当当网则只为未来1年的仓储面积买单，这极大地缓解了压力。更重要的是，当当网在合同中要求对方务必保证未来几年的仓储空间，绝不能出现紧缩的情况。如此看来，王汉华的策略显然不如当当网的高明。

在企业迎来顺畅发展势头之际，领导者保持稳定的发展之心很重要。资本市场的大潮，很容易吞没盲目扩张者，而死于其中的企业甚至于都不知道究竟犯了什么错。这是非常可悲的。

当然，问题不可能只出现在一个人身上。一位熟悉亚马逊中国高层的人士曾这样评价包括王汉华在内的领导班子："王汉华是一个非常Nice（和蔼）的职业经理人，说话很平和总是带着微笑，但确实缺少中国本土互联网人士的那种Aggressive（霸气）的感觉；财务副总裁蒋安成，我认识他那会儿中文都很难表达清楚；运营副总裁黄伟强偏重技术和物流管理；而市场总监则是一个台湾人。整个卓越管理层给人的最大印象就是太职业了，职业到你总觉得缺点什么。"①

缺点什么？显然，缺少的是贝索斯那种一夫当关、万夫莫开的气场，缺少更实打实的行动，缺少睿智的头脑和超高的眼界。然而，反过来说，贝索斯也未曾不是个失误者，至少在这件事上如

---

① 《贝索斯的卓越难题》，《互联网周刊》，2007年6月。

此。他选择了卓越，缘何不跟随着它一起去实现"卓越"呢？

据易观国际报告显示，2012年第一季度，在中国国内B2C的市场，亚马逊中国的份额为2.33%，这个比例被天猫、京东、苏宁、腾讯抛在了身后，位列第五①。

毫无疑问，越来也多的事实都在证明一件事：亚马逊中国"摊上事儿了，摊上大事儿了"。在慢慢"入冬"的过程中，贝索斯其实也在拼命地拉拽它，希望它能够安然"冬眠"，等待最寒冷的"三九天"过去。而从亚马逊本身长远的战略角度讲，贝索斯针对亚马逊中国，若还是没有什么"大手笔"的话，那么它是极有可能重蹈易趣网的覆辙的。

不过，从目前投资者的信心上看，亚马逊本身超高的人气，还不至于让贝索斯做出什么"壮士断腕"的举动。而更能助长贝索斯热情的是，亚马逊中国似乎并不是那么"一无是处"，至少下面这些名头还会让人留下不少念想，更重要的是，眼下的"骨感"并不是全部：

2006年第二届消费者最喜爱的网站100强第100名；

2006年B2C网站最佳用户体验；

……

2007年第3届消费者最喜爱的网站1 000强；

2007年B2C产业"杰出贡献奖"；

……

2008北京市电子商务诚信十佳企业；

---

① 《王汉华在亚马逊这7年：守成有余，激进不足》，《第一财经日报》，2012年10月30日。

2008年度最佳网上书店；

……

《商业周刊》2009全球最佳企业40强排名第17位；

《商业周刊》2009全球百强IT公司连续三年名列榜首；

……

2010年中国最佳客户服务奖；

2010中国最受消费者信赖的网上百货商城奖；

……

2011最具商业价值的百货购物平台；

2011电子商务示范企业称号；

……

2012"中国消费者最信赖的网络消费网站"（DCCI互联网数据中心）；

2012易观国际最佳电子商务运营之星。

这些殊荣虽不是最重要的，也不能抵消亏损的事实，但亚马逊中国会在这些荣誉的激励下一直走下去……

3. 做投资者眼中的潜力股

沃伦·巴菲特被大家称为"股神",但这里的"股神"不是他,而是亚马逊。

联系一下亚马逊在股市中的表现,我们也能发现一个既叫人伤心又令人欣喜若狂的现实:令人伤心的是,纵然是贝索斯,纵然这个"神"一样的男人可以轻而易举地颠覆传统,可终归忍了6年的亏损才算守得云开见月明,当然,其赢利尚且是个"波动曲线";令人欣喜若狂的是,虽然亚马逊还不能像可口可乐那样回馈他的投资者,但整个行业对他的追捧,甚至华尔街那些衣冠楚楚的分析师们,也没有改变对他的大加称赞。

这似乎有点让人难以理解,一家并不算很赢利的公司,其股价缘何能一鸣惊人,且持续发力呢?

若说1997年亚马逊刚刚上市时股价的飙升——从每股1.5美元涨至1999年底的106美元,是因为贝索斯首开先河,在网上销售图书,且颠覆了实体书商巴诺书店的地位,同时打破了传统市场格局,实现了网上销售的真实性。多年之后,尤其是经历了那刻骨铭心之痛的6年亏损后,相信人们对亚马逊的投资热情肯定逐渐冷却。

从一般角度来说,事实应该如此。然而,事情到了贝索斯这里，同我们想象的却大不相同。

2013年1月，亚马逊股价在股市中又有了新的动态，1月7日，股票大幅上涨3.6%，高达268.39美元，再创历史新高。据悉，造成亚马逊此次股价上涨的主要原因，在于摩根士丹利上调了亚马逊股票评级的消息，即将亚马逊的股票评级由"持股观望"上调至"增持"，且仍然维持其325美元的目标股价。

原来是大投行从中"作祟"。2013年1月6日，摩根士丹利分析师斯科特·德维特便发布了一份研究报告，其中对全球电子商务销售额做了更大胆的预测。该报告中说，互联网时代从最初发展到逐渐火热，电商在其中扮演的角色也越来越重要。故此，到了2016年，电商领域的销售额将从2012年的5 120亿美元增至10 000亿美元。如此看来，增幅之大是一目了然的。

正是因为这份预测报告，才让投资者们继续看好亚马逊股票，无疑，这对于亚马逊来说，也是极佳的利好消息。另外一个振奋电商界的消息是，在这份预测报告中，斯科特·德维特还表示，到了2016年，亚马逊的市场份额将猛增至23.5%，净销售额也将达到1660亿美元，较之此前1 450亿美元和20.6%的市场份额的预测，显然更令人精神抖擞。

此外，他还称，业界人士似乎低估了亚马逊的物流价值，它其实是推动亚马逊利润和市场份额再度攀升的后续能量。他说："亚马逊的物流网络是一项受到低估的战略资产，许多像亚马逊那样的公司可以通过降低非固定成本来降低总成本，它们有机会提高利润率和提高市场份额。"[1]

---

[1] 《物流能力被看好，亚马逊股价创历史新高》，《中国证券报》，2013年1月10日。

在如此强劲的市场消息面前，整个市场也对亚马逊表示出了前所未有的信心。

抛开公司本身不谈，在股票市场上，任何一个同某只股票有关的消息，都可能引起这只股票价值的波动。此刻，或者说一直以来，亚马逊就一直处在这种状态中，成为投资者普遍看中的一只股票。而像上述的利好消息作用于股市中，显然对于亚马逊而言是求之不得的。

2010年，美国财经网站Thestreet.com曾在一个交易日按照动态市盈率，评选出了美国最昂贵的十大股票。其中，亚马逊以当前的动态市盈率为28倍的成绩当选第十名。而其自2007年以来，年平均营收增长率为33%。按照市盈率增长系数计算，亚马逊当前的股价高估了10%左右。

亚马逊最为神奇之处，还在于"击败"了苹果公司，成为华尔街相当看好的"潜力股"。

且不说亚马逊本身的能量有多大，能够与全球顶尖的苹果公司站在一个天平上称重，就足见其在民众和投资人心中的分量。而华尔街看好亚马逊、看空苹果公司，也是有理有据的，他们为此列举出了各种原因。

2013年1月，美国科技博客Business Insider联合创始人、首席执行官兼总编亨利·布罗吉特曾发出一篇文章称："最近几个交易日以来，两种类型的投资者正在遭遇挫败和蹂躏，分别是看涨苹果的投资者和看空亚马逊的投资者——苹果的季度业绩超出华尔街分析师预期，但其股价却大幅下跌；亚马逊季度业绩在很大程度上不及分析师预期，但其股价却大幅上涨。与此同时，苹果的市盈率仅为

10倍，而亚马逊的市盈率却'无限大'。"①

为什么会出现这种情况呢？

这篇文章的出现，或者说，即便没有这篇文章为那些久经沙场的投资者指路，他们也会通过审慎分析和市场消息看出些许"猫腻"，于是，不少投资者开始售出自己手中苹果公司的股票而买入或增持亚马逊股票。

在很多投资者眼中，他们之所以不看好苹果公司的股票，是因为：

第一，苹果公司规模甚大，故而其迅速增长的可能极小。一个公司里最高职位和最低职位上的两个人，显然是最低职位那个人更有机会大步向前，是一只潜力股。

第二，作为苹果公司赢利点最高的产品，智能手机，其"爆炸式"的赢利日子似乎已终结，而该类业务的增长已开始向苹果公司并未进入的市场部门和地区转移，即新兴的廉价手机市场。

第三，iPhone是乔布斯时代最棒的手机，可今天，竞争对手已迎头赶上来了，它的辉煌已不再。

第四，在苹果公司中，低利润产品在公司的营收中，有着越来越大的比例。

第五，设备硬件的激烈竞争，致使市场上任何一款现有产品都很快会成为过去。

第六，苹果公司的业绩，显然不如华尔街分析师们的书面预期那样光鲜，而华尔街的分析师通常都有两本账，一本在私底下。即他们私下的预期才更为准确，而苹果公司的业绩是不符合他们私下

---

① 《"失意"的苹果真的被咬了》，《新闻晚报》，2013年2月5日。

预期的。

这么看来，苹果公司的明天越来越阴霾了。这家看起来风光无比的公司，让诸多消费者以拥有其产品而骄傲的公司，营收的增长和利润却不尽人意。我们再来看看现实是怎么样的：

2013年1月，苹果公司受业绩没达预期的影响——显然，这便是华尔街分析师们的预期，其于美国当地时间1月23日，股价罕见暴跌逾10%。而在2012年9月，其曾创下705美元的历史高位，这实在令人惊叹不已。可是，在不到半年的时间里却下跌30%，市值蒸发近2 000亿美元。这样的现实还是令人惊叹不已，两种惊叹，自然有着不同的含义。

那么，亚马逊呢？

贝索斯这次"发财"了。这个行业破坏王总能创造行业奇迹，且令人目不暇接。纵然亚马逊这家公司还没能让投资者真正过上衣食无忧的生活，可眼见着股价的攀升，他们个人信心的满涨也让他们更牢牢地握住手中的股票不肯撒手了。

那么，在那些看空苹果公司股价的投资者眼中，亚马逊的身上究竟有哪些亮点呢？

第一，电商市场还有很大的发展空间，这让处于全球领导者位置的亚马逊备受关注，他几乎与"在线购物"画上了等号，大多消费者都更愿意选择亚马逊作为触网平台，以购买想要的商品。

第二，亚马逊这种规模的公司，有着更迅猛的营收速度，即便这个速度目前看来有些放缓。

第三，与华尔街分析师的预期相比，亚马逊的真实业绩要大大地超越。

第四，虽然亚马逊的利润率不高，可正处于上升期。

第五，投资者们普遍看好亚马逊，并笃信其在未来两年时间里，赢利会大幅上升，这是让他们笃定买入或增持亚马逊股票的最稳健和最有说服力的原因。

在股票市场上，分析师和投资者的"风"往哪里刮，哪里就有好天气。亚马逊的股价在此等利好消息的推动下，果真不负众望。虽然其营收和赢利依然不温不火，可股价却频频上涨。

2013年1月10日，亚马逊的股价因各方原因而创下自1997年上市以来的新高，股价累计涨幅高达40%。若说亚马逊在上市之初的股票是一个香饽饽，那么，此时股价一路飙升，成为了名副其实的"股神"。更吸引眼球的是，亚马逊股票居然在赢利情况并不是很好的情况下一路暴涨。

由此可见，企业若想成为投资人眼中的香饽饽，自身必须有过硬的本领；

第一，商业模式好，让投资人有盼头；

第二，市场拓展能力强，可与多种资源兼容并包；

第三，抗风险能力强，经受住来自市场负面消息的打压；

第四，跟上时代发展节奏，命中投资人兴趣点。

上述四点，虽有以偏概全之嫌，可也算鞭辟入里。企业要在投资人那里得到支撑，事实上只要踏实肯干，具备一定的战略性目光，能在相对不长的时期让他们看到胜利的曙光。

4. 模仿的目的是超越

2011年，乔布斯的去世让整个科技界都大为叹惋。这其中，相信贝索斯一定甚为他的离开而悲悯惋惜。如果说乔布斯身上散出的超级创新意识无人能及，那么贝索斯脑子里古怪多变的点子，也一样是令众生瞠目的。可惜，两个人还没有奉献一场真正的科技交锋，这出科技界的重头戏便谢幕了。

对于顾客而言，苹果和亚马逊这两家公司的产品，到底哪家更棒？因为他们想看一场巅峰对决——乔布斯虽然离开了，但他的惊天手笔依然存在。于是，包括贝索斯本人在内的很多人，也都想看看亚马逊的新产品，看其是否能与同它站在一个平台的iPad（苹果平板电脑）一决高下？

这里的新产品，指的就是Kindle Fire。

作为最初以图书为主要经营方向的亚马逊，最初推出Kindle电子书阅读器，也是无可厚非的，以方便用户为基础的产品延伸，在贝索斯眼中一向都被看得最为重要。2007年11月，Kindle诞生，之后又公布了第二代电子阅读器Kindle DX。在主营图书领域内大做电子阅读器的文章，也是增强网站黏性的一种策略。

不过，当平板电脑开始被乔布斯重新定义后，贝索斯也玩起了新策略。既然其他公司能紧随iPad之后大做平板电脑，为什么我不能呢？

世界上任何一种创新都与前辈们已有的经验分不开，乔布斯也不否认这点。只是，绝大多数企业对于模仿过分"崇拜"，忘记了模仿的终极目的是实现超越。

模仿只限于企业起步之时，因那时对市场动向尚不能把握。待步步为营，越过了生存的基线，企业经营者就必须踩在模仿的肩头，朝着超越的目标走去。

当年马化腾在组建腾讯公司之初，一款由以色列三个青年开发出来的OICQ即时通讯软件映入他的眼帘。这款产品使用十分方便。也正是马化腾将OICQ进行了"汉化"，将其变成QQ，中国的网民才有机会实现"窗口式"的沟通。

其后，马化腾以QQ为发端，将探索之手逐渐伸向了门户、游戏、搜索引擎、电子商务、邮箱等领域。于是，我们看到了这样一幅景象："模仿"而来的即时通讯QQ，在中国已覆盖了90%以上的网民；腾讯已成为中国最大的互联网综合服务提供商、中国市值最高的互联网企业。

有人说，腾讯的一切都是模仿而来，可这样的模仿我们还是期待在中国大地上越来越多。准确地说，马化腾借助模仿实现了一次次创新，进而得以超越同行和对手。

当亚马逊于2011年9月28日发布了平板电脑——Kindle Fire后，它似乎也可被看成是在模仿之下的创新。基本上，与所有其他公司的平板电脑一样，Kindle Fire也有各种各样的功能，当然，依托于背后靠山亚马逊，它的身上还是有着其他同类们鲜有的亮点。比如，这款平板电脑内置了亚马逊的云加速移动浏览器，并可在EC2[①]中存储Kindle Fire的通用文件镜像，提前为用户加载可能点击的页面……

它的功能不是我们阐述的重点，与苹果公司的竞争才够热闹。

当然，一款Kindle Fire自然无法真正与在用户心中扎根甚久的iPad博弈。贝索斯清楚地知道，苹果公司的iPad早已先入为主，成为市场上的佼佼者，要想与它抗衡，就得从多方下手。价格，无疑是个不错的切入点。

商场上的博弈在所难免，可恰到好处的奇袭不但能减少正面冲突而来的损伤，且更容易克敌制胜，达到目的。关键点在于，找到自身与对手的差异之处，适时出击。

截至2012年9月，亚马逊的"Kindle"也形成了系列，亚马逊共推出了十多种"Kindle"供消费者选择，而更诱人的当属价格，从最便宜的69美元的电子书阅读器，到最贵的599美元、内存64GB版本、可接入4G网络的Kindle Fire HD平板电脑，贝索斯这次可谓全方位包抄。对此，有市场分析师表示，亚马逊推出这么多的选择，看起来产品呈阶梯式布局，实际上可能会引起消费者的混淆，不过，这也同时代表着强劲的产品线。

当贝索斯携着"Kindle"家族向iPad"发难"时，苹果公司也马上采取应对措施，发布了iPad Mini。这款平板电脑较之iPad更小巧，屏幕只有7.7英寸。而有消息称，此款产品主要针对的是谷歌的Nexus 7和三星电子的Galaxy Tab。似乎，这里没有亚马逊什么事。

看来，苹果公司的心思没落在亚马逊身上，但贝索斯则一个劲

---

① EC2，全称Elastic Compute Cloud，也即：亚马逊弹性计算云，是一个让使用者可以租用云端电脑运行所需应用的系统。

儿地冲击iPad。不但对原有Kindle Fire产品进行升级，更极力宣传可与大屏幕iPad抗衡的8.9英寸的Kindle Fire。

其实，这事本可以这么看：亚马逊系列产品的出现和产品的逐一升级，应对的不仅仅是苹果公司一家。据悉，其基本版Kindle Fire售价为159美元，比谷歌的Nexus 7便宜40美元，更是比iPad便宜230美元。如此大幅度让利之余，亚马逊更是依托于廉价数据计划，在接入4G宽带服务上，每年让消费者节约410美元。

如此看来，且不说谷歌和三星，苹果公司主打产品之一iPad，在此的确遭遇了Kindle Fire这个劲敌。不少业内人士对此也纷纷发表看法，称亚马逊这次真的下血本与对手血拼。更有消息人士表示，亚马逊这种价格举措，必定会让除苹果之外的其他平板电脑制造商"无利可图"。

可以想象，价格大幅优惠，功能并不逊色，服务细致入微，这样的Kindle Fire怎能不受消费者的青睐？

而后亚马逊准备发布的Kindle Fire HD，在消费者关注的各项指标上依旧如前，令人期待。虽然苹果公司在应用数量上依然领先于其他竞争对手，可亚马逊此次动作明显且激烈的"大围剿"，还是让人替苹果公司捏了一把汗。

商业上的竞争，看似与消费者距离很远，实则近在咫尺。一方胜利，就预示着另一方的挫败。而胜利方的产品，也自然会受到消费者的追捧，即便它完全被热度烘托起来，但它是一件经受了精心"打磨"的产品，总有让你心服口服的地方。

然而，商战未必瞬间就能分出胜负，就像iPad和Kindle Fire。不少消费者都曾有过这样一种困惑：到底是买一款iPad好，还是稍微节省一些，买一款并不逊色的Kindle Fire？

当这两款产品成为人们购买这类产品的对照组，就说明了后起之秀Kindle Fire，对苹果公司而言是一个不可小觑的竞争对手。

比如，从电影与音乐下载上看，苹果虽然有一个这方面的"大超市"，可以获得海量的讯息，但亚马逊似乎更有优势，因为其有一个免费的云播放器，可以任意下载到Kindle或其他设备而不必支付任何费用。

同时，在流媒体方面[①]，当前苹果和亚马逊两家公司都在各自的网络商店提供流媒体服务。只是，用Kindle Fire购买这些服务后，无需将其存储于本地设备就可以观看，相反，iPad则必须下载到本地。

相比之下，我们看到了Kindle Fire的优势。不过，更客观地说，若把屏幕、存储、处理器与内存、电池寿命、APP（智能手机第三方应用程序）应用、操作系统、网络连接等各个指标一一对比，苹果的iPad依然技高一筹。然而，亚马逊的Kindle Fire虽然稍显逊色，可对于一个后来者而言，已是不错的战绩了。

更重要的，贝索斯从"模仿"发端，已一步步朝着超越的程度走去。从今天Kindle Fire的成绩和用户反馈上看，它已经在某些方面超越了iPad。若从商业竞争的角度讲，不管是苹果公司还是亚马逊，可能都希望能够一家独大，成为该领域的领头羊，以绝对的胜利者姿态领跑高科技。但是，从用户的角度看，是绝不希望哪家公司成为市场垄断者的，那意味着你得总被牵着走，总去追随他们的脚步。再则，同行们也不能允许这样的情况发生，他们渴望的是一

---

① 流媒体，指将一连串的媒体数据压缩后，经过网络分段传送数据，在网络上实时传输影音以供观赏的一种技术与过程。

个多赢局面的出现。

在将图书搬到线上之后,亚马逊便开始了一次又一次令人惊叹的突变。而当互联网领域,尤其是终端电子产品渐成大势后,其更是实现了从涉足到模仿再到超越的"三级跳"。对于大部分中国企业来说,切勿将模仿当成企业赖以生存和发展的绝对助推力,一个没有研发实力,总在期待跟风的企业,不仅在未来毫无建树,或许眼下很快就会面临生存危机。

五

欲望永不眠

1. 利用一切可用的资源

　　从一个不知天高地厚的毛头小子，到今天的电商大亨，贝索斯在年龄和经历的共同催化下，身上也散发出了更加迷人的成熟味。他还像当年那样胆大包天，只是眼下的胆略更有现实的依托；鲁莽和贸然的举动早已蜕变成为内敛的霸气。

　　然而，纵使他带领着庞大的亚马逊航母，在细分领域也能分一杯羹，可亚马逊毕竟身躯庞大，是根本无法迅速转身，应对背后突然放出来的一支冷箭的。也就是说，亚马逊在电子商务领域固有的王者地位毋庸置疑，业内人士也对贝索斯带领着亚马逊一次次登上更高的巅峰予以肯定，但是，在一个垂直品类上大做文章，并埋头苦干，一直让精细化大唱主角，已不是今日的亚马逊能顾得上的了。于是，才有了《商业周刊》上那个令人忍俊不禁又迷惑不解的封面故事：亚马逊最怕什么？答案是"尿布"。

　　要想知道其中的原因，时间要推至Zappos被亚马逊收购的2009年以前。

　　Zappos是美国一家出售鞋子的B2C网站，创始人是华人谢家华，成立于1999年。历经几年的发展，备受消费者青睐。在这家网站，最令人津津乐道，也是它本身有别于同类网站的一点即是：消费者可以免费退货，直到选择到自己喜欢的那款鞋子。

谢家华是一个胆子很大的人。电子商务网站能够承诺7天内免费退货的不在少数，可能够承诺60天之内免费退货，最终又延迟至365天免费退货的，或许在当时看，就Zappos这一家。

这样做，网站还能赢利吗？相信大部分消费者在购物上都有很严重的"选择障碍症"，他们在犹豫中作出的选择，可能并不是最好的。而Zappos为他们的选择提供了最佳方法。即某位顾客选择了几双鞋子，都可以拿回家试穿，直到他觉得哪双更喜欢，再付款即可。

在这个过程中，谢家华开始了解，最能为网站创造价值的，其实不是那些一次性便购买到鞋子，或是要求退货次数最少的消费者，相反，恰恰是那些退货频繁的消费者，因为他们退货的频繁，也恰恰说明了他们购买的频繁。

事实也证明了这一点。2004年，Zappos除去退货成本之后的毛利率也达到了35%。显然，这样出新的服务是一步险招，也是一步奇招。

2007年，亚马逊曾推出了一个售鞋网站——Endless.com，在线销售手提包和鞋子。其目的很明显，就是要与Zappos抗衡，分一杯羹。遗憾的是，纵然亚马逊财大气粗，也难敌Zappos身形矫健，在鞋子的垂直品牌上，亚马逊根本不是Zappos的对手。

2009年，亚马逊新的售鞋网站和Zappos的差距越来越大了。据当年6月份的一份数据显示：Zappos的访问人数已达到了450万人次，可亚马逊的新网站也只有70万人次的一般访问量，纵然亚马逊主网站也销售鞋子，可其销量仍难以望其项背[1]。

还没有忘记几年前亚马逊全资收购卓越网的事情吧？当初，贝索斯是为了中国战略而行收购之举，而今日，在本土遭遇细分品类的劲敌，他仍然采用了老策略：收购。

2009年，亚马逊斥资8.7亿美元，将Zappos纳入旗下。至此，一场在亚马逊眼皮底下刮起的飓风"偃旗息鼓"了。

在亚马逊，一般品类都会自己先做，等难以做大或涌现出更强劲的对手后，便采取收购策略。这未尝不是一个好办法，同时收购而来的强者，也进一步壮大了自己原本的队伍。

亚马逊与Zappos在鞋子上的争斗，似乎远没有掀起一场与"尿布"对战那样更凶猛的对决。Quidsi也是一家电子商务企业，而其旗下的Diapers.com网站，专门从事母婴用品销售，其在这一垂直品类上，一样让亚马逊吃了不少苦头。

Diapers.com成立于2005年，其2010年实现的销售收入为3亿美元。没有比较的话，3亿美元也是不小的数目。可在亚马逊动辄上百亿的销售额面前，3亿美元的份额简直太小了。

如果贝索斯一直这样去想，今天可能会吃更大的苦头。贝索斯的眼睛里容不得"沙子"，他知道应该尽快采取行动，因为眼前这个家伙，就和当初的Zappos一样，有着集腋成裘的能力。

果真如贝索斯的料想，Quidsi在循序渐进的发展中势如破竹。

就像所有的创业故事和奇迹的背后一样，Quidsi的成长也伴随着屡屡艰难和措手不及的无奈。时任Quidsi的首席运营官维尼特·芭芭

---

[1] 《亚马逊收购Zappos案例对创业者的启示》，《国际融资》，2013年6月。

拉说："如果我们把某种商品放在网上出售，通常在短短的几个小时内，我们就会看到亚马逊的反应。"[1] 显然，亚马逊紧盯着它的一举一动，时刻想着从四面八方围追堵截。

Quidsi的成长之路的确坚信，可凭靠着对消费者需求的准确把握，成功地有了挑战亚马逊的能力，在一个品类上成为亚马逊的"杀手"。

最初，在这家网站网创建时，创始人马克·洛尔和合伙人维尼特·芭芭拉就很清楚自己想要的是什么，很清楚Quidsi到底是一家什么样的网站。他们的定位是：让那些没时间去超市买尿布的妈妈更快地拿到尿布。马克·洛尔和维尼特·芭芭拉在Diapers成立之前便投入巨大精力，耗时3年规划流程和网站。

一开始，能力弱小的Quidsi伸手向宝洁公司求救，希望能够从宝洁批量订购帮宝适尿布。宝洁这样的日用品巨头，自然看不上Quidsi这样的小网站，因为他们只与业务开展得有所起色的公司打交道，于是Quidsi便被宝洁公司傲慢地拒绝了。

无奈之下，Quidsi的员工在拿到订单后，只能自己跑货源——基本是到附近批发商那里进货。可就是这样，Quidsi的发展也很快，因为先期的定位相当精准，这一点少走了很多弯路。据悉，Quidsi仅仅开业后的第一周，每晚就能发出20～30包尿布。

尿布的利润其实并不高，一包尿布的毛利仅有4%，不过，Quidsi快速提升的订单量，却给马尔·洛尔和维尼技·芭芭拉吃下了一颗定心丸。什么时候都不要小看薄利的商品，它极可能会在规模

---

[1]《亚马逊的对手》，《IT经理世界》，2011年2月。

化的运转下搭建起一条通往"财富之山"的桥梁。

有了如此振奋人心的开端，Quidsi开始在尿布这一薄利的市场大做文章了。随着业务量的激增，Quidsi每晚发出的尿布数量达到了180包。很快，尿布外发数量的成倍增加，让公司考虑起仓储和物流了。

Quidsi公司成立5个月后，宝洁看着曾经被自己拒之门外的Quidsi，不得不承认自己当初错误的做法。于是，其主动向Quidsi示好，以比较优惠的价格将尿布批发给Quidsi。

有了宝洁的货源供应，Quidsi更是如鱼得水。在随后的一番跳跃式发展之后，亚马逊慌了。估计，此时的贝索斯会非常敬佩且夹着痛恨的情绪看待Quidsi：一个小小的垂直品类，居然让我这航母般的亚马逊不知所措了。

为了与Quidsi竞争，财大气粗的亚马逊先是用比较常规的方式——价格战，以此来吸引更多的用户。

可是，作为主做垂直品类的Quidsi似乎并不畏惧亚马逊，而单纯的价格战事实上也不足以让在尿布品类管理的行家里手Quidsi望而却步。他们更懂用户的心思，也熟知在配送货物上建立自己的优势。

比如，Quidsi能够做到在两天之内免费运送49美元以上的商品，且其74%的订单，隔夜即会发出，保证了在规定时间能送到用户手中。相比之下，亚马逊在2007年曾推出"Amazon Prime"计划，规定用户需要缴纳79美元成为会员，之后便可享受一整年的无下限购物两天送达的服务。

事实上，亚马逊的服务也不错，只是一提到缴费和什么"包年"之类的信息，用户心理上的关注点往往先聚焦在钞票上，而当即会忽略服务。如此看来，亚马逊还是需要在打造良好的购物体验上多下工夫！

在Quidsi，除了尿布这一"屡战屡胜"的货品，婴儿沐浴露、润肤露、奶粉、毛巾等也一样是其主打的产品。在Quidsi创造的便捷、实惠且超棒的用户体验下，黏住在该网上的用户，更愿意通过其渠道来获取其他母婴用品。

对比之下，亚马逊的这一平台却冷清了许多。促成Quidsi成功的原因自然很多，从货源到配送，从服务到体验，从品类到价格……Quidsi在每一点上都用心良苦，这也是他理应成为终结那个时代的亚马逊一家"独揽"所有品类的局面。

当然，就如前面谈到的那样，贝索斯并非从一开始就涉足广泛，其总是在逐步扩大的品类格局中慢慢发挥亚马逊自身就有着强大的"糅合"优势的。在这个过程中，亚马逊需要的也许不是创造，而是集结。

于是，对手尿布也很快不能称其为真正意义上的对手了。就如Zappos一样，他也很快被纳入亚马逊这个大家庭中，尝试着在固定的范围内慢慢突破自身格局。

2011年11月，继收购垂直品类B2C网站Zappos之后，又一同行电子商务企业Quidsi也被亚马逊以5.4亿美元的价格拿下。此时，亚马逊再也不必终日提心吊胆，怕Quidsi哪天一举抢占整个母婴市场了。

其实，在这个世界上，没有任何公司可以在一个领域成为绝对的王者，总有些思想不安分的人会站出来，剑指霸主，再现辉煌！

值得一提的是，就如贝索斯一样，只要能将一切可用资源为己所用，就不必在乎曾经的败北。卓越的领导者都懂得"能屈能伸"，他们善于卧薪尝胆，更甚于一飞冲天。当条件尚不具备之时，他们会伺机而动，如躲在丛中的猎豹一般，压抑着内心的冲动。一旦猎物出现，时机成熟，他们必然果断出击，利用自身的巨大优势猎取猎物。

更关键的还在于，优秀企业几乎都有着"十年磨一剑"的隐忍之能，他们有时候会认为，想要得到的或许无须自己去重新创造，只要懂得利用就可以了。

2. 亚马逊的存在是个必然

没有人甘心活在别人的背影之下。

我们曾经从电视上看到过的模仿秀节目中，可能听不到任何一个模仿者会心甘情愿地被永远当做被模仿者的"影子"，他们总是用各种方式在努力改变自己，台风、说话方式、笑容……这些可以经过包装和打磨的东西，有时候是那么令人厌烦。于是，更多勇敢的、愿意展示真实自我的人时常令我们感动不已，即便他消散了偶像级的光鲜。我们需要的，其实也和他们本人需要的一样，是一个纯粹的自我。

贝索斯也是如此。

不知道乔布斯是从何时开始被称为"乔帮主"的，但即使没有这个称呼，人们也愿意用更倔强、彰显个性、大气磅礴的名头来形容他，只有那样，才能让他与自己心目中的商界英雄画上等号。

只是，"帮主"的词儿放到天生倔强、聪明绝顶的贝索斯身上，他是否会欣然接受呢？这一点毋庸置疑，他从不希望某天突然变成哪个已逝的风云人物的接班人，更不愿意盯着"第二"的头衔招摇过市。哪怕只是个"破坏者"的形象，他也甘当第一。

贝索斯，这个电子商务的"骨灰级玩家"，早已登顶全球顶尖的财富英雄之列，可埋藏在他心中的欲望却始终熊熊燃烧着，从未熄灭。

他重新定义了"电子书"、大大扩展了云计算的市场、更创造了一个全球市值第二大的互联网公司。难道，这些对于他还不够吗？答案是肯定的。贝索斯生来就是一个挑战者，他需要的是源源不断的冲刺和对行业规则的蔑视，他需要的永远是一个"赢"的逻辑。

不知道今时今日曾笃定地说"亚马逊注定是失败的，别人在卧室里都能再建一个亚马逊"的托马斯·费德里曼会有何感想？是为当年的武断结论感到不好意思？还是撇着嘴，一脸无辜地继续寻找亚马逊身上的下一个漏洞？不管怎么说，我们都得承认，当年的贝索斯的确犯过不少的错，可漂亮的结局却为他的所作所为画上了圆满的句号。

随着亚马逊在全球范围内的崛起和日益壮大，人们已经将其与全球零售巨头沃尔玛相提并论，称其为不折不扣的"线上沃尔玛"。对此，贝索斯表现出了不满，他说："我们不想成为任何一个公司的'.com'版本，我们只想做亚马逊。"[1] 一句话，也已经否定了我们对其定义"帮主"的称呼，或者，我们应该翻开字典，找一个类似于独当一面的名词作为他新的头衔。

"迷信"创新的贝索斯，不太喜欢别人把他锁定在一个固定的圈子里。就如他说的那样："我始终认为，如果你是一个总是关注竞争对手的公司，那就很困难了，因为首先你必须始终试图去跟着它们走；第二，你必须改变自己的战略，因为你的竞争对手在改变。"[2]

---

[1]《亚马逊的进化》，《环球企业家》，2011年4月。
[2] 同上。

独立于对手的改变是很难的，贝索斯却喜欢这种徘徊在冥思苦想和灵光一现之间的"狭长地带"，那里有最充足的养料，足以让他有能力再重新建立一套新的秩序。

还是以"沃尔玛"的比喻为例。若说亚马逊在规则发展的过程中很像沃尔玛，这本是个很精准的判断，因为从图书开始，亚马逊所涉足的范围从日用百货到家居用品不等，从形态上看，的确是不折不扣的线上零售商。但当越来越庞大的市场被其踩在脚下之后，他本身已经超出了沃尔玛所代表的零售范畴了。

2007年，是亚马逊新业务激增的一年，音乐、视频点播服务等都一一呈现，这显然不是实体店所能供应的。在某个层面讲，亚马逊也成了娱乐内容提供商，直接进入了苹果iTunes①领域。而其随后推出的Kindle，则更丰富了亚马逊的品类，拓展出了一个新的市场。其神奇地将iTunes销售音乐的模式复制到图书领域，堪称"绝招"。

Kindle，已开始成为亚马逊最畅销的单品。

贝索斯的"欲望"还在膨胀着。跟随着互联网的容量，亚马逊的身躯也日渐庞大。当移动互联网的引线被点燃，贝索斯动如闪电，推出了亚马逊自己的应用商店，并一鼓作气获得了《愤怒的小鸟》新版游戏的独家发行权。

在拓展的道路上，胜者从来都不是孤独的。贝索斯也是如此，他自然而然地站在了苹果和谷歌这两个巨擘的面前。令人诧异的是，他非但从没刻意避开某次不必要的正面对决，反而十分欣喜地

① iTunes，一款数字媒体播放应用程序，是供 Mac和PC使用的一款免费应用软件，能管理和播放数字音乐和视频。

看着"惨烈"的商战在自己的眼皮底下打响。作为"行业破坏者"的贝索斯，他乐见于挑战，甚至更希望哪天再冒出一个跟自己一样的家伙，叫嚣式地同自己竞争！

亚马逊本身对全球消费者传统购物习惯的改变，实际上远没有贝索斯个人被外界称为"英雄主义"来得有趣。当然，他本人对此倒并不在乎，他更愿意看到的是传统行业在自己手中被颠覆。

如果说乔布斯所创造的辉煌，是用苹果手机引领了移动领域的革命，那么贝索斯让人叹为观止之处，则在于以一己之力使整个出版行业产生了巨大的变革。在2012年《福布斯》全球富豪榜上，贝索斯赫然伫立其中，其净资产为184亿美元，位居第26名。而他此后又获得了"全美最佳CEO"的殊荣，原因是他14年来一如既往地对股民回以36%的年度高回报率，却拿着较低的个人薪酬。

不管从哪个角度看，纵然贝索斯总是以自己特有的方式书写着神话，创造着历史，颠覆着规则，可他始终顺承了"乔布斯的神话"。

凭借着Kindle Fire获得的成功，贝索斯或将成为，甚至已经成为美国科技界的头号人物。他的身上，有王者的霸气和谦逊、胆识和内敛、睿智和温和。

任何一件事物的诞生，都会对接触过它的人和事物产生巨大影响。贝索斯若是没有创立亚马逊，即便有其他的替代者出现，今天的"电子商务方式"可能会是另一番情形，这是难以想象的，就像你难以想象，如果比尔·盖茨与贝索斯位置交换，微软和亚马逊会是什么样子。

在某种意义上说，亚马逊的存在是必然的，因为人们的生活需要一个颠覆性的改变，从来都是，而不仅仅局限在某一个特殊节点上。故此，贝索斯的性格恰好推动了这种渐变，他爆发出的能量，足够推动整个电子商务领域向未来更大跨步的发展，他无愧于美国科技界的"新帮主"，或者说，全世界都需要他的影响。

3. 市场需要被破坏

一件中意的事情，总能激发我们身体的每个细胞与想法一起兴奋。就像到超市购物时遇到打折，那是件足以令人兴奋的事情。

低价在人们的生活中，始终占据着重要的地位。对于商家来说，这是俘获人心的妙招，也是排除异己的大好时机。这很正常，谁不愿意花更少的钱得到更多呢？不过，这却不是所有商家都能长期干的事。

贝索斯做到了。

从开始把图书搬到网上销售，他心里就一直想把这个行业的秩序打破重组，以新秩序"统治"整个图书行业。当然，这个行业是没法被一个人或一家公司完全掌控的，但显然，贝索斯对这个行业的影响是巨大的，这已经让实体书店感受到了"来者不善"的巨大生存压力。

巴诺书店有着悠久的历史，自从贝索斯决定在网上做书的那刻起，它那往日的辉煌就渐渐消逝。当遭受亚马逊巨大冲击之后，巴诺书店也清楚地知道，如果还想活着，就得学学亚马逊，把书搬到网上去。

果然，巴诺书店在开通网上卖书渠道之后，一举成为网上第二大书店。巴诺实在是明智之极，可依旧要承受着巨大的"关店压力"——2013年1月，巴诺书店对外宣布，在未来10年，将关闭旗下1/3的零售书店，将旗下零售书店总量控制在450～500家。

从当下看，这显然是受到了包括亚马逊在内的众多电子商务网站图书业务的冲击。

毋庸置疑，在贝索斯开始办起了亚马逊之时，很多书商对他都痛恨不已。原因很简单，他的低价策略使得这些实体书店无利可图，自身难保。据悉，当初美国第二大连锁书店博德斯集团，因遭受冲击，连续多年持续亏损，并在2012年12月份宣布，部分出版商的款项要延迟支付，因为他们需要一些筹钱的时间。

贝索斯的出现，彻底破坏了原本图书行业固守了多年的规则，一向清静的环境也被其这块"重石"激起了千层浪。

大多数竞争对手对贝索斯都很有看法，觉得他实在冷酷无情，是个残忍的战略家，不给同行活路。如此看来，亚马逊正在以自己的方式摧毁着实体书店？也就是说，在不久的将来，实体书店会被亚马逊这类网上大鳄们彻底挤垮，人们再也没法体会午后捧书品茗的感觉了？

实体书店很容易受到经济不景气状况下的利润缩水，而亚马逊对此则具有免疫力。2010年，亚马逊第四季度的营业收入增加了36%，为129.5亿美元，利润增加8%，为4.16亿美元。两年后，其营业收入达到212.7亿美元，运营现金流更是高达41.8亿美元，较上年同期的39亿美元增长了7%。而到了2013年，亚马逊预期其第一季度营业收入大约为在150亿～166亿美元，同比增长14%～26%。

相比之下，巴诺书店整体业绩下滑，在2010年其营收增长比例、营收额、利润增长比例以及利润额分别是：7%、23亿美元、

25%、6 100万美元。而在2010年的2月份，博德斯集团承受不住巨大的冲击力，申请破产。

值得一提的是，巴诺书店也算是跟上了潮流，于2009年推出了电子书——Nook业务。不过，经过几年的发展，这一业务非但没能使巴诺书店"咸鱼翻身"，反倒令其于2013年不得不调整Nook的业务模式。

如此看来，想要与贝索斯领航的亚马逊分庭抗礼，绝不是拿出一款新产品就能如愿的。

不管从哪个角度看，都是贝索斯的入局打破了往日的宁静，实体书店有如此巨大的变动和惨况，全都拜贝索斯"所赐"。

而就在亚马逊刚刚成立的那段时间，来自市场的反馈绝不是如此咬牙切齿，反而大有拍手称快的味道。当时，一些投资商认为：亚马逊最终一定会被连锁书店杀死。从一开始亚马逊的经营状况来看，这些猜测并不是空穴来风，在亚马逊连续多年亏损的时段，这些猜测站得住脚，且有理有据。

只是，那些全凭传统观念去做结论的人，忽视了一个显而易见的事情：亚马逊每年都在亏损，却一直坚持着，难道这本身不是件可怕的事情吗？他们没有在这个过程中读出亚马逊很快会崛起的迹象吗？

1996年，亚马逊首次发行股票，到2010年为止，巴诺书店的股价下跌了29%，博德斯更惨，一路下跌了96%。反观亚马逊，股价则上涨了10 320%。前文提到过，整个资本市场，多数投资者都看涨亚马逊的股票。无疑，在这种情况之下，实体书店是难以颠覆亚马逊的。而根据2010年底的股价计算，巴诺书店价值8.52亿美元，博德斯价值6 500万美元，而亚马逊则价值810亿美元。因此，大家会看清楚，原来最值钱的是亚马逊，实体书店与之相比，真是不可同日而语了。

依旧坚持在电商混战中的巴诺书店，指望着向线上转移来规避自身缺陷。于是，我们看到它一连串的动作。只是，Nook业务并不是巴诺书店根本意义上的救命稻草。虽然其刚刚入市后，博得了一阵掌声，并曾让巴诺书店的股价持续攀升，可2013年第三财季的现实，却给它泼了一盆冷水。有数据显示，在其发布第三财季财报后，股价下滑了0.26，跌幅为1.80%，收于14.02美元，而其在一年多以前，则有26美元股价的好成绩。追究原因，自是受到亚马逊蓬勃发展的猛烈冲击。

美国书商协会首席执行官奥纶·泰歇说："亚马逊是不按常规出牌的对手……贝索斯并不真的在乎书，他把书作为招徕顾客而削价出售的东西。吸引到顾客以后，他再卖他最终能够卖出去的一切。一旦顾客登陆亚马逊网站，他就变成了市场营销专家（推销其他产品）。"[1]

对于贝索斯的低价策略，竞争对手们有自己的看法。他们觉得，书迷们在短期可能接受这种方式，可他们（书商）的长远利益必然会遭受损害。也就是说，零售商、出版商和作者本人，都会因为过低的折扣而无利可图。于是，显而易见的结果就是：出版商的利润被挤压得过分低时，他们就会转而选择那些总停留在畅销榜上的作者。另一个问题是，依靠着出售许多书才能维持生存的一般书店，他们自然没办法购入被行业抬得太高的畅销书作

---

[1]（美）理查德·勃兰特著，马志彦译，《一键下单 ：杰夫·贝佐斯与亚马逊的崛起》，中信出版社，2013年1月。

者的作品。

奥纶·泰歇说："显而易见，无论是纸质书还是电子书，大的折扣对于顾客、出版商、零售商都是不利的。最后的结局就是选择越来越少。证据很明显，如果你对商品持续打折，你的商品会越来越少。"①

靠着网上图书低价而大发横财的贝索斯，对此则有自己的理解。他表示，低价与技术的完美结合，可以最大限度地拓宽市场，从而降低成本，人们便可以购买到更多的书。

在贝索斯看来，市场规则并不是一成不变的，能够率先用更恰当的且被消费者认可的方式替代原有体制，无疑会让企业获得一个更快速发展的机会。事实也的确如此，不管哪个时代，哪种行业，一切规则都源自所在企业为消费者提供服务的属性，而一旦有更契合消费属性的方式，那么旧体制被取代就是自然而然的。

贝索斯笃信低价加技术的方式，实际情况如何？

与2008年相比，2009年出版的图书增加了87%，份额增至10.53亿美元。可是，这种增加却并不是因为低价策略而引起的，其中很大部分都是按需印刷的图书。难怪零售商们开始抱怨，他们没看到读者数量因为低价而增加。位于密西西比州牛津地区的一个广场书店老板说："大的实体书店的读者人数应该也增加，但他们没有。"②

如此看来，事实缘何未曾出现如贝索斯说的那样，低价会吸引更多的读者呢？

------

① （美）理查德·勃兰特著，马志彦译，《一键下单：杰夫·贝佐斯与亚马逊的崛起》，中信出版社，2013年1月。
② 同上。

或许就如奥纶·泰歇所说的那样，亚马逊的低价策略，吸引的只是渴望"低价"的顾客而已，但这批顾客是否真是冲着书去的，尚不可知。他们最有可能的，是想去亚马逊看看是否其他商品也有图书这样的低价。一旦他们发现有这样的商品，就会跟风式地为增加亚马逊的销售额做出努力，反之则会没有目的性地闲逛。

贝索斯打出低价策略，是很有打破行业规则，让传统在创新中获得颠覆的心思的。可未见得他一定要置实体书店于死地。就如他说的那样："我自己有一半的书还是在书店里买的，有时候我想马上拿到书，不是明天，是马上。有时候我就是想离开办公室，去一个环境优美的地方。你将要看到的是（而且正在发生）实体书店正在变得越来越好。他们将会有更多的沙发、更多的拿铁咖啡、更友好的工作人员。好书店是20世纪末的社区中心。那是他们进行竞争的基础。每个人都有很多空间。"①

从现实来看，亚马逊尚且没有终结实体书店的"能力"。在相当长的一段时间内，电子商务的巨大热浪还没有让人类几百至上千年的阅读习惯发生彻底改变。从市场范围来讲，小规模及独立书店也一样没被全部击垮，他们中的一部分还倔强地活着。

原本，大型连锁书店和其他销售打折图书的零售商们，理应受到强力的冲击，亚马逊的到来，则是另一波更为凶猛的颠覆，甚至会直接将他们击沉。可令人吃惊的是，这些小规模及独立书店，好似自身具有了"免疫力"，开始适应大鳄们带来的极端气候了。

---

① （美）理查德·勃兰特著，马志彦译，《一键下单：杰夫·贝佐斯与亚马逊的崛起》，中信出版社，2013年1月。

奥纶·泰歇说："从1994年到2005年，没有新书店开张……买卖总是有的，但是那些被关闭的书店没有重新开张……在15年里，美国书商协会的会员第一次达到了稳定，有新的书店开张，而那些经过了暴风雨存活下来的书店则更具有竞争力。"①

贝索斯的低价策略，的确抢了实体书店不少生意，也让他们在很长时间内举步维艰。频频关闭的书店，再也没有能力重新开张。而大的连锁书店，也在增开新店上考虑得更多。这样看来，贝索斯在打破规则的同时，又在无形之中建立起了新的规则，那就是：行业的资源得到了最大限度的优化配置。

善于破坏市场规则的贝索斯总有自己的一套。对比之下，中国大部分电商就显得"一意孤行"得多。且不说各个节日的低价大促销活动，即便是平常，也多见某个电商开展网上限时抢购。通常，低价是他们所能抛出来的唯一法宝。

受制于工薪阶层压力过重、粗暴的低价促销方式以及看重规模、发展布局而忽视长远的企业运营等因素，中国大部分电商更热衷于价格战，觉得这是迅速抢占市场份额的奇招、捷径。殊不知，隐藏在这背后的，是用户的诸多抱怨：发货不及时、系统堵塞甚至瘫痪……如此看似的"利益滚雪球"，到头来却犹如水中捞月。

而在中国电商们血腥地在价格上大打出手之时，贝索斯却带着亚马逊全力提升用户体验。据悉，亚马逊每次促销活动，都会提前半年时间准备，为的就是让用户在促销当天随意挑选商品而不至于抢不到。毫无疑问，被中国多数电商们塑造的行业规则，在贝索斯

---

① （美）理查德·勃兰特著，马志彦译，《一键下单 ：杰夫·贝佐斯与亚马逊的崛起》，中信出版社，2013年1月。

那里起不到丝毫的"规范"作用，而亚马逊在2001年实现的481亿美元（约合人民币3 000亿元）的年度销售额，也证明了这样一件事：市场从不屈从于规则，只有敢于破坏传统规则者才能生存和发展。

六

破坏之王的挑战

1. 创新之路：敢于打破常规

我们可以做出这样一种猜想：

假如普林斯顿大学毕业的高才生贝索斯不去开网上书店，而是继续在高科技公司施展才华，结果会怎么样呢？这样的猜想本身若有成立的可能，这个世界上将会少了一位巨人。因为那样的贝索斯，自然难当大任，充其量也只是这个世界上为数众多的职业经理人中的一员。仅此而已。

但，他是一个颠覆规则的人，这个世界需要这类人的存在，他们的任务，就是为某一个或几个行业大换血，以注入新的能量，推动世界以新的秩序向前发展。

贝索斯是个让人难以捉摸的人，从年轻气盛时拒绝大公司的邀请开始，就注定了他理应有非凡的人生经历。相信大部分人都渴望在一个光鲜的工作岗位上大显身手，这是多么难得的机会啊！可贝索斯似乎从不担心"个人安危"，他有着革新世界的目标和渴望。一如当年的乔布斯"活着就是为了改变世界"一样，他也一样无须追随别人的脚步，就能散发出无限魅力！

不管从哪个角度看，贝索斯与生俱来的性格特征都跟"创新"这个字眼儿挂钩。幸运的是，他又顺其自然地步入了互联网领域。互联网时代的到来和蓬勃发展，让人们的生活开始逐渐产生变化，几乎人人都与互联网发生了前所未有的亲密关系。于是，那些投身在互联网领域中的英雄豪杰们，就必然有很多人们眼中的盖世英雄。

贝索斯，自然是这些英雄中的英雄。因为，他总在试图"破坏"着什么，目的是让人们的生活方式发生变化。

对于创新，贝索斯有自己的想法，他说："如果你在做创新和开拓的工作，就要乐于长时间地被人误解。买家评论就是一个例子。一位图书出版人告诉我：'你根本不懂自己所处的行业。只有卖出产品，你才能赚钱。为什么你能容忍差评存在？'我回答：'我们并不通过卖东西赚钱；我们帮助顾客作出决策，以此赚钱。'"[1] 贝索斯对创新的解读，也是一种异于常人的透彻。

他还说："一个公司想要保持恒久不变的创新，关键在于聘请正确的员工。员工是否'正确'的标准在于，他是否怀揣着对提升、完善产品的执着……创新者是一群勇于失败，敢于被误解的人。如果一个人害怕承担骂名，那么他最好离创新远一些。

"作为一名企业家，最基础的工作通常都和消除风险相关。消除风险和一点好运气是成功的基础。当企业发展到一定规模时，你才可以开始承担一部分风险。作为企业家，最不该做的事情便是'赶潮流'，什么流行做什么。世界上不存在任何渠道能让你赶上潮流的脚步，但如果给自己一个准确的定位和方向，你就能与时俱进……要做一个被理想指引的传教士，不要做被利益驱使的雇佣

---

[1]《贝索斯："你要乐于被人误解"》，《哈佛商业评论》中文版，2013年1月23日。

兵。"①

亚马逊开放第三方平台的举措，无疑是一种迎合大众口味的创新，并广受好评。可一开始，他也遭到了误解——亚马逊已有的供应商表示：这等于是让他们与更多人竞争，竞争对手多，生存的空间就越来越小。

这是个应该用肯定词回答的问题。不管哪个国度的民众，都渴望有最大限度的选择权，最好能在自己思想游动的范围内随意索取。而亚马逊要做的，就是尽量满足这种膨胀到可怕的欲望。时任亚马逊全球商家服务高级副总裁塞巴斯蒂安·古宁汉姆对此的解读是："因为没有一个客户会埋怨亚马逊网站上有太多东西，所以这一点上我们可能永远都不会有止境。"②

当亚马逊中国上线了"我要开店"，将亚马逊总部的系统平移至中国，国内的电商巨头们，如京东商城、淘宝网和当当网等，都在以亚马逊为学习楷模，这是因为，其创出了包括支付、物流、客服、COD（货到付款）的服务出租给商家的格局。这让他们有了更大的引力去招揽第三方商家入驻。

在向第三方商家提供电子商务配套服务上，贝索斯并非近期才"茅塞顿开"，早在2007年，他那战略性的眼光已经帮了大忙，在IT系统、仓储上的投入虽然短期内是闲置的，可资源并没有浪费，而是出租给了那些极其需要这种资源却又暂时没能力自行投资的商家。这不但使得亚马逊得到了一笔数目不菲的佣金，更吸纳了大批商家入驻，很自然地增加了亚马逊本身的选品。

---

① 《亚马逊的进化》，《环球企业家》，2011年4月。
② 同上。

更为出彩的是，亚马逊平台上的所有入住商家，都能与其自有商品进行平等竞争，绝没有暗箱操作的事情。塞巴斯蒂安·古宁汉姆说："如果一个商家能提供比亚马逊更低的价格，他们就会出现在我们的搜索结果前面，就可能赢得客户。我们跟谁竞争其实不重要，重要的是这样对客户是最好的。"①

在平等对待入住商家之余，亚马逊也不是对其销售情况放任不管。而是每天都会把自己和入住商家的产品销售情况进行比对，看看彼此商品可在多大程度上满足顾客需求。比如，一旦发现某商家在某一时段乒乓球拍卖得不错，亚马逊工作人员会尽快地找到是哪些商家的货卖得快，如该商家未入住亚马逊，那么它就很快会收到亚马逊的合作消息。相反，当用户表现出了对某一商家的不满，且是累积性出现恶劣性质，亚马逊绝不姑息，将迅速将其清理出亚马逊。

对于入住商家，亚马逊还会提供系统工具供他们使用，旨在让他们在亚马逊更好地生存。该工具的功效，可帮助商家实时地获取销量等数据，同时依托于亚马逊本身强大的数据挖掘能力，帮商家预测出未来几天或几个月的销量。这样的服务，显然是别具一格的，人们不得不为亚马逊的创新能力拍手叫好。

"商户中心"，是亚马逊针对入住商家推出的又一项贴心服务，这一样是行业首创。凭借该服务，商家即可获知自己的某款产品在同类产品中的价格是否最低，以便让商家判断其价格竞争力。同时，对于产品的评论，也一样能通过此项服务获知：比如，在网站和数据中心检测到负面评论后，亚马逊每隔5分钟便能将评论通知

---

① 《亚马逊的进化》，《环球企业家》，2011年4月。

给商家，提醒他们哪里出了问题，以做出及时的应对措施。

在这个世界上，还有什么比"一劳永逸"更具诱惑力呢？亚马逊如此创新之举，敢于打破常规之举，既为其赢得了无数盛赞，更为其在商家和用户心中赢得了尊重。

创新是一个企业永续发展的最强动力。但对于创新，却是仁者见仁。以中国企业家马云为例，在他眼中，创新更像是一种专注。当初，马云创建支付宝的时候，技术上并没什么创新，却很受市场欢迎。后期的阿里旺旺也没什么创新，但依然得到消费者的热捧。如此看来，创新的另一层含义即是：不必以创造新事物为创新之标准，能给用户带来切实的利益、更完善的服务，这本身就是一种实用性创新。毫无疑问，贝索斯的创新之举中就包含了这类创新。

无线应用，作为一项新兴的服务，在全球范围内来讲并不算十分普及。亚马逊虽然并不是这项被视为电子商务的下一个未来的服务的首创者，可绝对是最佳的倡导者和践行者。2009年，亚马逊中国便提出了在手机等移动设备上开展亚马逊业务，当年12月便上线了iPhone应用。而后，亚马逊的全球无线产品和服务也全面推开，其内部专门成立了这样的团队，并迅速在美国、英国、德国、中国和日本展开，同时其应用也开遍了iPhone、 iPad、黑莓、Windows Phone 7等多种移动设备。亚马逊推出这样的服务是想让顾客从看到一款产品到购买，能更加便捷。

而由无线应用延伸而来的"一键下单"功能，则更在这个网购快速的时代，让用户的体验痛快淋漓了。简单来说，这一功能旨在减少用户购物的时间。比如，用户可以借助iPhone摄像头拍下一款产品或是任何一个东西，接着把照片上传到亚马逊的网站上。亚马逊根据图片，会在后端自动对该图片进行分析，进而配对出用户想买的产品。

当然，考虑到所拍摄的东西和图片上传格式等限制，也会有系统无法识别图片的情况。这时，这样的图片就会转移到亚马逊的真人客服那里，待再次辨别后进行配对。

《一键下单：杰夫·贝佐斯和亚马逊的崛起》一书的作者理查德·勃兰特，在书中对此有更为系统和专业的解析，我们不妨看一下：

贝索斯希望利用先进技术来为顾客提供卓越服务。这一哲学导致了亚马逊最著名（或者说最臭名昭著）的专利软件项目——"一键下单"。

"一键下单"专利的流程如下：亚马逊提取顾客第一次购物时输入的身份和付费方式，输入系统，等用户第二次查看一本书时，会在用户界面上看到一个一键下单的按钮。

一键下单专利引发了大范围的争议。因为任何想网上卖东西的人，都被禁止添加"一键下单"选项，除非他们愿意向亚马逊支付专利费。2000年，苹果公司向亚马逊购买了专利许可，将其用在iTunes商店里。

2008年6月，亚马逊推出了一项新专利，即"动作购物"，希望计算机或者其他设备能够追踪用户的动作，这项新专利的题目是"动作识别输入机制"。业界把这戏称为"点一下头专利"。

不仅如此。你可以用伸出手指的方式来确定想买几件物品，或者用具体动作作为密码。专利申请上举了一个例子："用户可以把点头三下、笑一下，然后抬高眉毛来作为密码。"

创新和新专利在亚马逊层出不穷。2010年12月，一项新专利泄漏，网站会有一个选项，"替换姑姑米尔德里德的所有礼物"。它让收礼物的人随时跟踪一个亲戚在什么时候给他买了礼物，并在快递之前换成他更喜欢的东西。

贝索斯认为，这项专利可以改善送礼。这一特殊设计不仅会让挑剔的收礼人高兴，还可以给亚马逊省下几百万美元。当一件礼物被退回时，亚马逊仓库工作人员不得不打开包装，把物品重新放到架子上，然后等待再次包装、打包、快递。这项专利符合贝索斯因为不同寻常的创新而一直超前的愿望。

在贝索斯眼里，世界上的一切都可以被打破再重来，没有什么是不可能的。而一次次匪夷所思的创新之举，也的确让贝索斯曾遭到质疑或是被吐了口水。然而，这些与为世界带来惊喜相比，又算得了什么呢？

2. 颠覆之举：令人咋舌的管理方略（一）

有些人生来就是为了带给世界惊喜，创造世间奇迹。他们的一生，不单单只为自己而活，每一个细微的举动都藏匿着惊爆世界的巨大能量。那些推动世界向前发展的政治人物如此，而像贝索斯这样的商界人物亦然。

如果说那些出类拔萃的政治人物，用一个个明智的决策带领着世界朝着最光明的方向起航，那么充满智慧的商界人物，则怀着改变世界的宏大目标，用微小的方式书写着变革的传奇。

不管从哪个角度看，人们都难以从正统的创业人角度去看待贝索斯，因为他实在太独一无二了，总是有着和他人不同的想法。令人吃惊的是，纵然如此，胜利女神也总爱眷顾他，证明他是多么正确。

当亚马逊成为全球顶尖的电子商务网站，贝索斯更一举跻身全球顶级富豪之列，人们便开始探究，到底是什么元素，才造就了这样一个"怪才"。当然，我们早已清楚，任何人的成功，都是难以复制的，受制于成长环境、教育背景、个人性格及生活习惯等各种可以想象和难以想象的因素，每一个从人群中"冒尖"的人物，身上所散发出的气质绝不会雷同。只是，他们却无一例外地带给了世界同样的惊奇。

我们很容易就能了解到，对于贝索斯，也会有很多人"专门"研究。从商业角度看，他的管理方式也是人们感兴趣的一点，毕竟，一家成功的企业能站在行业巅峰，其必然有着别具一格的管理方式。那么，事实是否如此呢？

《一键下单：杰夫·贝佐斯与亚马逊的崛起》的作者在其著作中对贝索斯有这样的描述："曾经和贝索斯一起工作的高管，对他作为一个管理者的优点和缺点有着截然不同的看法。他并不是个'好'首席执行官。他会激励、劝诱，也会发怒、斥责。他可以看到方向，也能在微观管理上施加注意力。他是古怪的、出色的、吹毛求疵的。他的一些前员工喜欢他，而另一些发现他有严重的缺点。但是，似乎所有人都感觉他是个富有远见的、知道如何建立千秋基业的人。"

贝索斯的身上散发着无穷的魔力，不管这魔力是否让所有人都着迷，但那些与他想法类似的人，却惊奇地发现：跟随着贝索斯的脚步，果然走出了一条振奋人心的路。

谈到贝索斯的管理，我们可能未必要像描写其他商界人物一样，费尽心思地总结出一些可能在他们本人看来，都不曾存在过的名称奇特的管理模式。贝索斯的管理天分，似乎就渗透在他的日常工作当中，那些"更生活"、"更随意"的特点，就是他管理上的所有精华。

第一，不听多余的话。

在贝索斯的眼中，一切问题似乎都有最直接和有效的解决方法，关键只在于你是否找到了答案。对于那些通过多种阐述方式去包装语言的行为，贝索斯是极为恼怒的。一位亚马逊的前高管曾说出了贝索斯一个特别"烦人"的习惯：一旦你说的话不能让他有兴趣，那么他会马上伸出手在那人的鼻子面前摇晃。

这的确是个不太礼貌的举动，抛开上下级关系，人与人之间的平等沟通也决定了人人都有自由的发言权。可在贝索斯面前，这来自于人际关系交往中的"法则"也被他毫无顾忌地破坏了。他习惯快速获得想要的结果，他希望身边的所有人都能同他一样，精准地传递最有价值的消息部分。

看上去，这仿佛是个苦差事。想要达到贝索斯的要求，肯定得付出更多的努力和接受他更多的呵斥。没错，是呵斥。亚马逊的第一位员工谢尔·卡凡，曾披露了贝索斯的这一缺点："毫无疑问，杰夫是个出色的商人，很有远见，知道该往哪个方向带领他的公司。不过，他也是一个苛刻的、特别不容易与之相处的微观管理者。这就是为什么亚马逊早期员工只有少数几个还留在公司里。他还是个特别神经质的人，还有一个（至少我在的时候遇到过）坏习惯，在其他人面前严厉责备下属。"[1]

如此看来，能够承受住贝索斯的打压，是件不容易的事情。而从他的身上我们也可获悉，大抵具有超出常人所能的人，都有叫人难以接受的地方：这或许就是成为"高人"的"可怜"之处吧。

第二，小组策略。

能够像贝索斯一样不夹杂情感地苛责员工，这也着实是件很难做到的事情。在外人眼中，他可能是不近人情的、不善解人意的，但只有他心里明白，整个亚马逊需要形成一种"集体作战"方式，可这种集体并不是常规意义上的团队，不是大伙在一起商议一项策

---

[1]（美）理查德·勃兰特著，马志彦译，《一键下单：杰夫·贝佐斯与亚马逊的崛起》，中信出版社，2013年1月。

略，而是更多的小团队分别贡献自己的分支力量，最终聚合成一个庞大的"发光体"。

是的，贝索斯绝不是常规意义上的管理者，他总能通过自己的方式去带动和激发团队成员意识，让他们意识到自己也是能创造神话的载体。

贝索斯眼中的公司，应该是分散的，甚至是混乱的，这样的话，公司的员工就更容易形成自己独立的看法，而不单单地去等待着听取小组的意见。因此，他打造出了"两个比萨团队"的概念，即"任何团队都要小到两张比萨就能喂饱"。或者说，贝索斯在亚马逊内部打造出了一个"小组策略"的生态系统，将一般意义上的团队再度拆分，如此便能衍生出更多不同的想法，显然，这对于推动亚马逊的发展意义重大。

第三，竞赛制度。

关于激发团队潜能，若你觉得贝索斯会用会议和口号的形式去打动员工，就实在太低估了这个破坏之王的能力。——即便这两种方式依旧很重要。

贝索斯希望所做的每件事情都有效果，也自然会使用更能收到效果的方式去激发团队潜能。这方面最棒的办法，莫过于竞赛。

在这方面，贝索斯俨然成了奴隶社会的奴隶主一般，像对待奴隶一样对待员工（这只是种形象的心态比喻，未见得在行为上也是如此）。他常常会向员工施加巨大的压力，而员工又不得不去承受。

有一段时间，员工们每天工作12小时，且每周工作7天，但可恶的邮件回复还是晚了一个半星期。贝索斯了解之后，把负责工作的客户经理叫到办公室，苛责她对工作的疏忽。这位客户经理告诉贝索斯，员工已经很努力地去工作了，绝不没有丝毫懈怠，所以工作难以完成，绝不仅仅是员工的问题。

贝索斯虽然有些苛刻，但并不是"昏庸的领导者"，当然，也不是铁石心肠。他最后想出了一个很棒的点子：借用一个周末的时间进行比赛，看谁能处理更多的积压邮件。当然，这还不是比赛的全部。贝索斯知道物质奖励的重要性，所以他说，每个人每回复1 000条信息，就会得到200美元的现金奖励。

这样做的结果怎样呢？在周末那48个小时里，每个人都比平时多工作了10个小时，而那些积压的邮件最终也被全部处理完毕。显然，贝索斯的目的达到了。有时候，他就是能像让孩子挣到更多"糖果"一样，轻而易举地就让员工把公司最要紧的事情处理完毕。

第四，奇怪的奖赏。

说贝索斯苛刻，也只局限在他对待工作的极度认真上。他一脸孩子般的笑容背后，表现出的并不是死板和一成不变。事实上，他特别重视那些为亚马逊作出过卓越贡献的人，且总会以自己的方式让那些员工"哭笑不得"。可这种奇怪的方式，至少是令员工终生难忘的：

程序员的工作枯燥而辛苦，所以贝索斯很重视他们的感受。只是，不按常理出牌的他，并非每次都用金钱去做奖赏，令人难忘的可能才是最有价值的。于是，他开始用那句"放手去做"的口号作为奖赏为亚马逊带来非凡体验的员工。

当然，员工所得到的奖赏还有一只旧的、耐克鞋。

1997年2月，成为亚马逊一员的程序员格雷·戈林登，发现了一种很棒的提取阅读品味相似性的办法，它能更好地为用户推荐书目。简单说，就是一个用户的购买书目，可以经由亚马逊系统推荐给其他有着相同购买模式的顾客。今天看来，这早已十分常见，可当时绝对是一项重大发现。

贝索斯对于格雷的高评价，并不是常规语言上的"很棒"。据格雷·戈林登回忆："杰夫·贝索斯走进我的办公室，向我深鞠一躬，双膝跪地，高喊：'我不配，我不配。'"格雷也因此得到了那个"放手去做"奖。而在这之后，他为亚马逊不知贡献了多少能让贝索斯甘愿下跪的奇妙体验。当然，他也一样一如既往地得到了更多的旧鞋。后来他曾说："鞋子虽然都不见了，但失不掉的是那种骄傲的感觉。我很骄傲赢过那些古怪的鞋子。"①

在格雷·戈林登眼里，贝索斯是一个"怪异的、有雄心壮志的小发明家，专注于为顾客（和一般人）做正确的事情……我不同意把他的性格定义为争强好胜（我认为那是对他的雄心壮志的误读）或者遮遮掩掩"②。

的确，贝索斯更应该被看成是一个在管理上别具一格且能真正征服员工的人，他不去干那些落俗套的事情，也憎恨虚伪、狡诈。在他的管理哲学中——如果他有这门学问的话，他更应该懂得如何帮助下属做事，而不只是指导。

---

① （美）理查德·勃兰特著，马志彦译，《一键下单：杰夫·贝佐斯与亚马逊的崛起》，中信出版社，2013年1月。
② 同上。

3. 颠覆之举：令人咋舌的管理方略（二）

颠倒行业规则的结果：一是一鸣惊人，二是销声匿迹。这里，没有中间地带，贝索斯早就明白这个游戏规则。他乐此不疲，宁愿在一次次的破碎重组中收获哪怕丝毫的喜悦，也不愿在循规蹈矩中获得无数俗气的盛赞。

第五，善于减压。

如果说更多公司的领导更善于寻找程序化的管理方式以扣在自己的公司身上，目的在于规范化经营或提升企业"形象"，那么相比之下，贝索斯在管理上就更"散漫"一些，他更习惯且看重个性化的管理，他把自己的性情无形中融入管理之中，让人觉得他的那套方法，根本不是管理，更像"胡闹"。

比如，在亚马逊成立之初，贝索斯特别让员工挑选出每周出售的最奇怪的20本书，然后给最奇怪的一本书"授奖"。在这个古怪的颁奖过程中，曾获奖的书包括《用训练海豚的方法训练金鱼》、《如何开始建立你自己的国家》、《没有朋友的人生》等。这类图书是在一般书店买不到的。

贝索斯这种看似"无聊"的举动，其实对于压力巨大的亚马逊程序员而言，实在是很奇妙的"开胃剂"。前亚马逊程序员佩里·哈特曼对此的评价是——"亚马逊是个很有趣的地方。"显然，贝索斯也希望自己无聊式的幽默感和分散员工压力的方式，能够获得大家的普遍认可。

第六，气氛融洽。

有人的地方就有"江湖"、是非。这大抵是因为人们个性化的想法，需要在这个崇尚个性的时代表达，可即便在更久远的古代，也一样可找得到尔虞我诈的痕迹。但亚马逊真是个"例外"，贝索斯甚至在这个社会里，创造出了一方清净之地。

在亚马逊，有着浓重的团队成员之间友爱的味道。佩里·哈特曼说："我们曾经的目标是创新、努力工作，尽可能做到最好。所有人都齐心协力为这个目标奋斗。你是在和外面的公司竞争，而不是和自己的同事。"[①]

贝索斯营造出的这种文化氛围十分重要，它决定了团队成员的努力方向，确立了他们在潜移默化中形成了统一的价值观。

第七，关注更需要关注的事情。

成功的领导者都善于在最需要花费精力的地方苦下功夫，反而那些在一般人眼中需要琢磨的事情却很难得到他们的关注。

贝索斯在技术上见长，并能准确地识别出哪些元素可推动公司发展，而那些元素能快速让公司消亡。这一点是那些功勋卓著的领导者的不变特色。

技术、问题和解决办法以及意见指导，对于任何一个公司的员工而言，都要比切实地执行命令困难。在亚马逊，这些主要工作自然都落在了贝索斯身上。不过，他不善于面面俱到，更拒绝在所有

---

① （美）理查德·勃兰特著，马志彦译，《一键下单：杰夫·贝佐斯与亚马逊的崛起》，中信出版社，2013年1月。

问题上指手画脚。他喜欢也信任员工们"蛮干",因为那是撞出极具智慧火花的关键和有效方式。

亚马逊软件开发部负责人谢尔·卡凡说:"通常情况下,尽我们所能解决设计问题,再去接受下一个挑战就已经够让我们麻烦的了,如果在设计评论上给出的意见不充分,那会给公司的工程师文化造成一些严重问题,也会在将来引发很多问题。"[1]

正是意识到了这点的重要性,贝索斯的关注点只在他认为应该关注的事情上,这种管理风格,也让亚马逊员工们更有机会展示自我,在纷杂的问题面前,他们也有了更多的主动性。

佩里·哈特曼说:"杰夫不做代码,他是有想法的人。他能随时随地想出新点子来。他想问题可能比其他人透彻得多。"[2] 亚马逊的发展方向,才是贝索斯愿意投入更多精力关注的,而非那些细枝末节的问题。这极其有利于亚马逊的发展,贝索斯成功地与公司员工划出了匹配的分工。

在这样的一个体系中,我们很容易分清哪些才是领导者要做的,而哪些不是。贝索斯也是随着公司的发展开始具备这种明确的分工能力的。公司在起步之初,他甚至要亲自将书包好,并快递出去。这很自然,那时的他还没有更多人可以用。

只是,那时的他也表现出了一点异于普通创业者的地方:比如,就在程序员们需要挑灯夜战的时段,他却跟员工炫耀式地说,自己可以睡足8个小时。可你如觉得那时的贝索斯只是极具个性,也是不客观的。他那饱满的精神和充满智慧的大脑,总会在最需要他

---

[1] (美)理查德·勃兰特著,马志彦译,《一键下单:杰夫·贝佐斯与亚马逊的崛起》,中信出版社,2013年1月。
[2] 同上。

爆发时一鸣惊人！而不仅仅于8小时的睡眠上纠结。

即便贝索斯有那种他本人笃信下属般的"放手去做"的心思，可首席执行官的职责他还是会认真地履行。谢尔·卡凡曾说，贝索斯特别重视结账过程以及仓库订单处理软件，他要求员工务必要保证这两方面的稳定，以应对客流量，不让系统崩溃、顾客抱怨。佩里·哈特曼说："（在早期，这个问题）他吓得要死，担心我们会得到所有客户，但因为系统有问题而又让他们全部跑掉，真是不容易。"①

显而易见，贝索斯很清楚什么才是最需要做的。

第八，节俭。

那些成功的商业领袖，多数都保持着良好的公众形象，这一点很受人关注。贝索斯和很多富豪高调、奢侈的风格不大相同，他给自己塑造了一个节俭的公众形象，不做奢侈的事情。

比如，亚马逊总部的装修就很简约，直到现在，"亚马逊的办公桌是由门板钉上四条腿做成的"这一历史性事件，也每每成为他的口头禅，他似乎很乐于让人们记住他最初的"穷酸相"，忘记今天的富豪身份。

老板本身的带头作用到底能否影响员工，这一点给出肯定或否定的回答可能都不准确。因为今天的社会，实在难以找出一个绝对"表里如一"大富豪。可对贝索斯来说，情况就不同了。他不喜欢张扬，而更愿意重现过去以对比现实。

几乎每次采访，贝索斯开口必谈的就是他那简陋的门板做的办公桌。在他眼中，"办公桌的故事"意味着亚马逊从来都把顾客放

---

① （美）理查德·勃兰特著，马志彦译，《一键下单：杰夫·贝佐斯与亚马逊的崛起》，中信出版社，2013年1月。

在心上，而不仅仅是公司员工。他说："我很注意将钱花在和顾客有关的事情上，而不是和我们本身有关的，我们的家具看起来什么样，和顾客丝毫关系也没有。"①

只是，随着亚马逊的大步发展，公司内部的节俭文化绝不是简单的一张桌子就能支撑起来的，这需要有心思的"设计"和维护。贝索斯在这一点上做得很"刻意"，但不能否认那同样是有效果的。也就是说，贝索斯通常会购买一些物品，这些物品的实际价值要高于其想要保存的那份"旧文化"。

据当时亚马逊的第一个审计员透露："有时候，那意味着要多花一点钱来巩固这个不浪费的印象。杰夫说，如果那看起来便宜——即使事实上有一点儿贵——我们也应该买，因为巩固了我们节俭、不浪费钱的企业文化。"②

或许，人们会觉得贝索斯太有心机，只为了迷惑外界的眼睛。可不浪费的风气却真实地形成于亚马逊的内部，经久不衰，这么看来，这种心机倒是人人该学的了。

对于贝索斯的管理天分，我们可能无须再做更细致的总结了。一个领导者本身的性情，基本上都会原封不动地作用在他带领的企业和员工身上，而该企业存在的方式，就是这个领导者的管理方式。

与众不同者，必然有着过人之处。从商业角度看，管理的确是一门高深的学问。管理的好坏，直接影响着企业的发展之路是否顺畅，与同行对接是否游刃有余，与市场联系是否驾轻就熟。高明的

① （美）理查德·勃兰特著，马志彦译，《一键下单：杰夫·贝佐斯与亚马逊的崛起》，中信出版社，2013年1月。
② 同上。

管理者都有一套自己的体系，就如乔布斯那样，纵然他的管理方式已经逐渐摆脱"独裁"，可最终的主导权依旧在他手里。事实上，任何一个企业，总需要一定程度的"独裁管理"才更容易蓬勃发展。而往往，在一些人看来，这种管理缺乏了必要的"周密性"。不过，这个世界本来就是少数人掌握着更多的财富，让那少数人去做颠覆式的管理，又有什么错呢？

4. 勇者之心：与强者对垒

商场竞技，从来没有永远的赢家。但竞技却是商场不可缺少的，因为它会催生更多强者入局，推动整个商界向纵深方向发展。而在此过程中，对垒的双方或多方，自然都可收获颇丰。胜者，一鸣惊人，大步向前；败者，再接再厉，稳扎稳打。而在今天这个强者如云的商界，越是羸弱的企业，越是应该与强者对局，这是快速提升自身层级的办法。

若说贝索斯的亚马逊战略在于在全球范围内搭建"一站式"购物体验，这本身看来似乎并没有与谁形成明显的正面交锋，都在一波波暗潮之中归于平静。事实上，亚马逊这个对手奇多的公司，纵然早已练就了过硬的内功，如管理上的完善和技术上的准备等，依然难以淡化其与对手之间的惨烈厮杀。贝索斯和很多领导者一样，并不想在圈内树立太多劲敌，而亚马逊的性质又决定了其偏偏要与别人争胜。大抵，这逃不了的背水一战，是贝索斯必然要经历的。

若言对手，全球搜索引擎领域的王者——谷歌，堪称亚马逊的大敌。

10年之前，或许贝索斯就察觉到，亚马逊与谷歌终难免一战。那时的谷歌，已计划扫描产品目录，这即是明显地要进入亚马逊的在线零售领域，与其分一杯羹。

谈起贝索斯与谷歌的"渊源"，要提一下他在1998年的一次战略性投资。当年，贝索斯以每股0.04美元的价格向谷歌投入25万美元。如今，这笔投资滚出了市值16亿美元的财富，但这份投资惊喜早已被眼前的事实剥得体无完肤。

单从互联网的发展和业务领域的交叉上看，谷歌似乎是不得已而为之，但来自知名风险投资公司KPCB[①]合伙人钱智华的一番言论，却让人看到了谷歌的野心——即便还不甚明显。他说："亚马逊希望成为一个人们可以购买任何东西的平台，谷歌则希望成为人们可以找到任何东西的搜索平台。但是，在人们利用谷歌找到某样东西后，随之而来的动作便极有可能是'购买'。因此，在你考虑到以上这些因素后便会发现，谷歌和亚马逊的冲突其实根本不可避免。"[②]

两者间的剑拔弩张，始于广告业务的冲突。

互联网的特殊性，让广告成为商家必争的项目。亚马逊和谷歌在这一点上自然各有打算。当贝索斯获知谷歌欲扫描产品目录时，他也马上积极应对，全面部署，将扫描电子书计划提升案头。

现在我们知道，在他的这一计划下，Kindle电子阅读器诞生了。据悉，它的诞生，被认为是建立在谷歌的产品目录扫描计划之上。如此"偷师"，似乎也表明了贝索斯的"以彼之道，还施彼身"的策略。

此后，亚马逊打响了与谷歌竞技的"第一枪"：全面推进网络广

---

① KPCB，成立于1972年，是美国最大的风险基金，主要承担各大名校的校产投资业务。
② （美）理查德·勃兰特著，马志彦译，《一键下单 ：杰夫·贝佐斯与亚马逊的崛起》，中信出版社，2013年1月。

告业务。显然，作为在线零售巨头的亚马逊，若在这一领域持续且稳健发力，谷歌的营收和用户数量都会因此而遭遇强烈波动。

不过，谷歌搜索引擎的巨大功能，决定了其一开始就在广告业务上先拔头筹。而亚马逊，在这方面当算是后来者。权威调查显示，亚马逊当年的广告业务尚不能与谷歌同日而语。亚马逊2011年在广告业务只创造了5亿美元的营收，反观其在2011年480亿美元的营业收入总额中，广告业务所占比例尚小，有着很广阔的提升空间。

相比之下，在网络广告领域轻车熟路的谷歌，2011年实现了380亿美元的营业收入，其中96%来自广告业务。如此看来，是不是意味着在这一回合上，亚马逊始终要受制于谷歌呢？

据悉，亚马逊开发出的DSP[①]技术，可帮助公司将自身庞大用户群的购买历史数据挖掘出来，加以利用，以使营销人员能轻而易举地在亚马逊和其他网站上发布定向精准广告。显然，这是亚马逊的秘密武器，而它也有望成为亚马逊在广告领域抗衡谷歌的重头戏。

另外，值得一提的是，亚马逊所在行业性质也决定了其拥有更具价值的数据。贝索斯已开始察觉到谷歌的一条"利益链"在扫描产品目录上，但遗憾的是，谷歌真正的目的出乎贝索斯的"意料"——谷歌旨在扫描并数字化所有图书，以期待获得出售电子版图书的利润。而亚马逊在获悉顾客的购买计划之后，便可适时有效地进行广告招商及投递，这又是一招妙棋。

如果说双方在广告领域的竞争多有各自为战的味道，都是在逐

---

① DSP，即数字信号处理，是指用数值计算的方式对信号进行加工的理论和技术。

步拓展平台宽度和利用自身资源的情况下"匍匐前进"，那么在购物上的竞技则更加针锋相对。

作为在线零售巨头，亚马逊在这一领域自然难逢敌手。知名市场研究公司Forrester的一项数据显示：在2012年第三季度，美国30%的网购用户都选择亚马逊为网上购物"窗口"，只有13%的用户倾向于谷歌等搜索引擎，将它们作为"窗口"。

与几年前相比，亚马逊在这方面的成绩的确不俗。因为几年之前，搜索引擎可谓"大行其道"，掩盖了一切其他互联网购物渠道的光芒。然而，几年之后，市场的反馈却让局面大变。无疑，这种情况的出现，贝索斯有着难以磨灭的功劳，他是这个电子商务时代的英雄。

如今，亚马逊已在网站产品搜索结果的一侧展示广告，以达到吸引用户和广告商加盟的双重效果。

美国互联网流量监测机构comScore曾有一项统计结果：2012年第三季度，亚马逊网站显示广告印象数[①] 几乎是2011年同期的3倍，高达67亿次！

谷歌的确感觉到了巨大压力。

作为以广告收入为主的互联网公司，谷歌在全球范围内的广告知名度不言自明。而今在这一领域的后来者亚马逊却也进入了这个"阵地"，实在令人担忧。为了更好地应对亚马逊的挑战，谷歌对其产品搜索服务进行了改版。在新的改版要求里，零售商、在线卖家想要在搜索中看到自己的名字，必须提前缴纳相应的费用。

---

① 广告印象数，网页上广告被访问的次数。

如此看来，这一回合，亚马逊的确给了谷歌不小的压力。但双方的竞技范畴，却还是以各自领域为基础的发散。不论是购物还是搜索，广告都是能带来巨大商业报酬的一个重要部分。

抛开广告，双方在产品上的争斗既让市场热闹，又让用户兴奋。用户自然希望看到更多出色的产品，付出同等的价值获取超值的体验是再好不过的了。而亚马逊和谷歌也的确没让用户失望，亚马逊2011年推出的199美元超值Kindle Fire平板电脑，算是把这场战斗拉入了白热化的阶段。

低价的Kindle Fire平板电脑系列横空出世后，亚马逊一度被传为是"iPad终结者"。当然，结局如何，只有用户体验说了算。不过，在与谷歌竞争中，亚马逊却依旧显出了不可战胜的王者之风，一路攻城略地。

谷歌也不甘示弱，很快作出反应。2012年7月，谷歌联合华硕推出搭载Android（安卓，谷歌公司研发的手机操作系统）系统的平板电脑Nexus 7。这一力作的出现，很快让风风火火的亚马逊Kindle Fire平板电脑偃旗息鼓了。相比之下，Nexus 7的外形更漂亮、配置更优秀，且为用户提供了更多的应用软件及服务。

当然，亚马逊也看到了第一版Kindle Fire自身的弊端，很快又推出了Kindle Fire HD和Fire HD 8.9。然而，2012年10月份，谷歌推出了Nexus 7的10英寸升级版Nexus 10后，亚马逊的新产品成为市场上的"无人问津者"。

几番对战下来，亚马逊似乎已显出劣势，在广告上和平板电脑上均不敌谷歌。然而，贝索斯于2006年的那个在今天看来的"旷世概念"，犹如一枚核弹头一样，虽然看似不起眼，却在几年之后显示出了惊人的威力，是的，它就是云计算——一个无与伦比的概念。

亚马逊的云计算服务，能满足开发者、商业人士及个人三方面在亚马逊这一巨大平台上对空间的需要。因此，它的重要性不言而喻。

相比于广告、购物和平板电脑领域中的"利益往来"，云计算如同浩瀚无垠的大海，任何人、企业及组织都可以从中找到自己想要的东西。这并不夸张，因为无需佐证我们都可以知晓，云计算到底有多大的能量，从目前所知、所用的应用上看，还是难以摸到边缘的。换句话说，贝索斯创造了一个崭新的时代，而这个时代又需要所有有识之士去共同创造，因为它是无限延伸的。

既然所有有识之士（这里主要指商业人士）都需要为此付出积极的努力和探索，谷歌自然也不例外，其在云计算业务上也有研究。不过，与亚马逊的云计算相比，它的规模犹如"沧海中的一滴水"。

从目前来看，亚马逊与谷歌的竞争，似乎还处在双方"你推我让"、不温不火的接触阶段，谁也没有在真正意义上捅破窗户纸，挑明了去竞争。商业上的多数竞争也即是如此，似乎没必要指名道姓地对局。

不过，随着双方在越来越多的领域有更多的交集和不算剧烈的正面碰撞，他们那种更激烈的竞争也是早晚的事。有分析师预测，2013年，亚马逊与谷歌的竞争，会延到更多领域：网络广告、零售、移动设备和云计算业务等。虽然，双方早已在这些领域"小试牛刀"，但那毕竟温和了许多。未来，二者间的关系还是会以紧张为主。

而事情也的确是按照紧张的节奏发展的。2013年3月31日，有消息称，亚马逊或将推出售价仅为99美元的Kindle Fire HD平板电脑，且该款产品已经投产，大概会在2013年年底与用户见面。

此消息一出，凭借如此低廉的价格，加之亚马逊不会让人失望的技术，几乎所有平板电脑厂商都不禁紧张了起来。显而易见，亚马逊此举，定然会在平板电脑界掀起一股巨大的浪潮。

挑战"大块头"，贝索斯从来都没有畏惧之色。时代需要贝索斯这样的挑战者，或许明知不敌也要敢于"亮剑"。大概，贝索斯把与对手的竞争也看成了一项长远的竞技战，并乐在其中，谁能笑到最后，谁才是真正的赢家。

哈佛商学院迈克尔·波特教授指出，"'竞争对手'的存在能够增加整个产业的需求，且在此过程中企业的销售额也会得到增加。"[1] 与同行业的佼佼者竞争时，企业不得不对对手进行深度、理性的剖析，关注竞争对手，从他们身上找到可借鉴的优势，加以变通为己所用。

亚马逊在与谷歌的较量中，也一样收获颇丰。若从最基本的收获上看，那么无疑是在搜索领域。当然，亚马逊不做纯搜索，而是帮助用户寻找想要的商品的垂直搜索。于是我们看到，亚马逊学会了利用对手的优势而"还施彼身"。更重要的是，在同谷歌的竞争中亚马逊还学会了将信息对号入座，送到不同需求的用户手中。显然，同样在"信息"上持续发力的亚马逊，在强者身上索取了最优资源，这似乎也可看成贝索斯喜欢挑战的一个原因吧。

---

[1] 朱甫，《马云如是说：中国顶级CEO的商道真经》，中国经济出版社，2008年1月。

七

谁是王者？

1. 后乔布斯时代

"武林至尊，宝刀屠龙；倚天不出，谁与争锋？"

金庸小说中的屠龙和倚天，有着相生相克的性质。两者到底孰胜孰败、孰优孰劣，尚不能见分晓，最终亦是落得个"玉石俱焚"的下场。若说它们的命运来自于人与人之间的争斗，是人赋予了它们可悲的命运，那么人本身呢？

2011年，乔布斯的离世震惊了IT界，而万千用户更是因此喟叹不已。他虽然离开了，可留下的"神话"却一直响彻云霄，让人难以忘却。更奇妙的是，他身后的"江湖"，顿时变得"一团糟"了，就如"武林"失去了"盟主"一样。

这里的"一团糟"，可不是说真正意义上的群龙无首，而是在革新这条路上，显出了丝丝疲态，甚至是"后继无人"。整个IT界放眼望去，人们似乎再也找不到一个能如乔布斯那样为改变世界而活着的人了，且只能体验着他在世时留下的一份残缺的美。

直到贝索斯凸显出破坏之力，才让人们有了盼头。

对比之下，两个人从性格上的确有很多相似之处。比如，他们同样热情洋溢、富有魅力，笑容灿烂且总会保持一种迷人的幽默感。他们也同样睿智，眼光独到。对待员工时，有那么一点点的苛责和独裁。在这一点上，乔布斯有着截然不同的一面。

年轻时的乔布斯，狂傲不羁，目中无人；中年时的乔布斯，内敛深沉，老练了许多，待人也显得更加和善。只是，他会一如既往地在产品体验上显示出一如既往的高标准。这一点，其实一直未变。而贝索斯呢？

其实，乔布斯所具有的独特性格也可以在贝索斯的身上找到。他们似乎都有些"任性"，乔布斯会让员工去做比如重新考虑软件和服务，并将全部内容统一成安全信任的标准界面，当然，他也一样"任性"到一旦员工没按照他的意思做，就会"让他滚蛋"。

或许，我们不必去挖掘甚至理会贝索斯异于乔布斯的部分，只去看他们的相同点就可以了。毕竟，这个世界需要另一个如乔布斯一样可以改变世界的人，当然，未必与乔布斯一模一样，那样的体验是没有新鲜感的。

美国《巴比伦周刊》曾对"乔布斯离去之后，谁是IT世界的新领军者"这一问题，给出了这样的答案："在乔帮主离去后，杰夫·贝索斯是这个世界上最有智慧的IT公司掌门人，没有之一。"[①]

这样的消息是鼓舞人心的，起码让人们对科技界又有了新的希望。不过，贝索斯到底能否真的接过乔布斯手里的接力棒，也是一件尚不可知的事情。我们根据事实所能了解的一点是：贝索斯与乔布斯一样，具有重新定义一条产业链形态的能力。

到目前为止，似乎还没有出现一个与乔布斯一样杰出的创新者。不少人把期待放在了贝索斯身上，这或许是因为他用很具体且

---

① 《乔布斯之后是贝索斯》，《新周刊》，2012年8月。

生动的方式，向世界描绘了网络销售的蓝图。值得一提的是，贝索斯的这种崭新的能力，却是这个世界一样极其需要的。尤其是他的云计算，自当是在行业内担起了领跑者的角色，这种非凡的"领域性"创新，也是值得人们把"第二个乔布斯"的希冀加载于他身上的。

对比之下，乔布斯具有的开拓性也是贝索斯所具有的。再则就如前文提到的是，纵然性格怪诞的贝索斯不愿意成为"第二"，可在这个没有了乔布斯的时代，他却可以如愿地成为"唯一"。更要紧的是，这个时代人们的生活方式，需要更新的元素推动甚至替换，无疑，这是贝索斯成就自己真正独一无二的绝好时机。而就业内人士所知，贝索斯其实早就从默默无闻向跃跃欲试过渡了。

与谷歌和苹果相比，亚马逊总是被低估的一个。或许是前两者的巨大的光环已遮住了所有人的双眼，然而，借助于Kindle，亚马逊却摇身一变，从作者向读者跨越，并以此打通了整个链条。据统计，在美国境内，亚马逊电子书几乎达到了"垄断"的程度，平均每三个人中就有一个是亚马逊电子书的读者。

贝索斯的能量还不止于此。

在中国，图书行业的利润不算太高，甚至入列了历年来涨价涨得"最温柔"的产品之一。不少图书网站，基本上就是想通过用户激增的购买次数，以提升网站的品牌影响力，目的在于以图书为基础，在其他品类上做文章。可在国外，无价的知识产权决定了图书绝对是门一本万利的生意，而做图书也的确是件超酷的事儿。

当然，就如乔布斯最初创业一样，贝索斯也不是一开始就把亚马逊四周打造成铜墙铁壁的。1997年上市时，亚马逊的股价为18美元。2012年，股价为208美元，上涨了11.5倍。可这一路的上涨绝不是一帆风顺，而是伴随着起起伏伏的。

尤其是2009年和2010年，当谷歌、索尼等超级大公司进入电子书市场后，亚马逊在股票市场就不再是一枝独秀，一度下跌到118美元。当时，有业内人士表现出了对亚马逊前景的忧虑。可总能绝处逢生的贝索斯，却再一次给了投资者信心。当9.99美元的Kindle电子阅读器出现后，读者市场立即被其抢占殆尽，而其销量更是一路高歌猛进，股价也随之应声上扬。

事实上，Kindle Fire的出现，被外界人士看作是贝索斯挑战乔布斯iPad的有力武器。如果这么看的话，似乎的确如此。只是，细细看来，贝索斯在推出产品上的表现，与乔布斯有很大区别：乔布斯致力于创造伟大的产品，而贝索斯则是设法把大众最需要的产品制造出来。也就是说，乔布斯对产品的起点定位很高，只要能起跑，就等于可以"飞翔"了，而贝索斯却是让产品一直陪着大众"奔跑"。

乔布斯致力于高端产品，而贝索斯则倾向于大众市场。他们的品性相同，或许定位有差，但最终的结果，却都是以创造一个时代的奇迹为目的。

或许就像有人说的那样，贝索斯将"长尾理论"[①] 发挥到了极致，他渴望看到的一种局面是：将来的世界，人手一台Kindle，即便因此亏一大笔钱也在所不惜。但结果可能未必如设想的那样不顺，毕竟亚马逊拥有电子商务购物中心、电子书商店、MP3（数字

---

① 长尾理论，指那些原来不受到重视的、销量小但种类多的产品或服务由于总量巨大，累积起来的总收益超过主流产品的现象。

音乐翻放器）在线商店、VOD① 视讯服务商店、应用程序商店以及云服务。

2012年4月，贝索斯成为《福布斯》杂志的封面人物。而亚马逊营业收入、净利润、股价、市值、给投资者的回报及贝索斯个人身价的飙升，又为他赢得了《财富》杂志的赞誉："让贝索斯稳坐头把交椅的原因，是他痴迷于冒险以及颠覆行业"。② 因此，被《财富》定义为"终极破坏者"。

就像是世界上找不到两片相同的树叶一样，在这个世界上，也没有两个人是完全一样的，不管是长相还是性格。我们只能说他们相似，相仿，却绝不是一模一样。如果说乔布斯是森林中的一只凶猛无比的狮子，那么贝索斯就是一只身手矫健且体格健硕的猎豹，他会以更快的速度和更"凶残"的方式破坏森林中的食物链，更会重组森林法则。他可能无法成为与乔布斯一样的狮子，但绝对是让所有动物都闻风丧胆的猎豹。

贝索斯是极具野心的，他会主动挑起"战争"，与对手同台较量，也会试着去模仿对手，而后慢慢超越。一个显而易见的现实是，随着亚马逊在全球电子商务领域的壮大，贝索斯将毫无疑问地成为又一个让对手望风而逃的"乔布斯"。

---

① VOD，全称Video On Demand，即视频点播。它是一种可以按用户需要点播节目的交互式视频系统，可以为用户提供各种交互式信息服务。

② 《硅谷新领袖杰夫·贝索斯，终极破坏者》，《外滩画报》，2012年11月26日。

2. 亚马逊的线下对手

自从贝索斯开始把自己的阅读爱好发展成一项事业，线下的实体书店就遭受了巨大的创伤。巴诺书店遭遇网上劲敌，最终业绩惨败；博德斯集团更是惨遭淘汰，成为那个时代的悲剧。线下竞争对手眼中的贝索斯，过于"残暴"，甚至把他比喻为这个时代的"电商暴君"也不为过。他是实体书店的刽子手，也是这个时代"人神共愤"的家伙。

从客观的角度看，贝索斯若被这样评价，自然不够中肯也欠考虑，毕竟成功不是他的错，更不是一个行业及时代的错。他有绝对的权利追随自己的内心所想，更能用自己跳跃的思维描绘整个世界的蓝图。只是，在某种程度来说，互联网时代的迅猛发展，使太多人没有准备就遭到了洗礼，似乎，眼下所有的一切都是缺乏"过度"而来，中间没有丝毫的链接。

或许，这才是这个世界最令人惊喜的地方——一切都还来不及考虑就发生了。

当亚马逊开始在图书行业兴风作浪之时，线下书店首当其冲。继而，不满足于在一个领域称雄称霸的贝索斯，又开始调转"船头"，向新的流域航去。

今天我们早已知道，亚马逊已是这个时代电子商务领域中数一数二的购物网站。图书、音乐光碟、电脑软件、电视游戏、电子产品、衣服等都可在亚马逊买到。用户在其上可购买到自己需要的多种产品，且迅捷的物流也会让用户真正体会到酣畅淋漓的购物体验。

只是，并非所有公司都会有一个与实体店一样的在线店铺，即便是有，也不见得在竞争中占据上风——甚至连站住脚跟都很困难。于是，在互联网大潮一浪高过一浪的节点上，传统购物与网购及电视购物等新兴业态间的矛盾也开始逐渐升级。

亚马逊这个跨国企业，在美国和日本都有自己广阔的地盘，于是在这两国，其与线下零售商之间便开始大打商战。这其实是互联网时代不可避免的现实。

电商的蓬勃发展，让人们在购物上有了更多的选择。大部分人考虑到网购商品的廉价性，多会在实体店看过商品后，选择在网上成交，这就使实体店铺在潜移默化中受到极大的影响。不过，根据国情的不同，电商对实体店带来的影响也不相同。

以美国为例。税务问题在美国比较普遍。人们在实体店购买商品时，店方会从顾客处收纳一定的州税和消费税上缴。不过，当选择网购商品时，就不必缴纳税费，显然，这让网购较之实体店有了更强的价格优势。所以，更多人喜欢在网上购物也就不足为奇了。

亚马逊的迅速崛起，在为越来越多人解决了购物烦恼之后，也持续地冲击着实体店。这其中，线下家电连锁巨头百思买对贝索斯"恨之入骨"。

这家成立于1966年的家用电器和电子产品的零售和分销及服务集团，曾是全球最大的此类公司。随着发展，其亦有自己的购物网站，可本身还是以实体销售为主。自2001年财政年度开始，百思买便连续几年大兴收购之举，为集团填充了多项领域的空白，同时也在一定程度上丰富了原来的品类。

原本，百思买发展得顺风顺水，可亚马逊的崛起，尤其是在多品类领域大显身手时，它便开始受到影响了。在美国，各州的税金并无统一的标准，可平均算起来，大概都在8%~9%的样子。显然，对于可以有多重选择的购物者来说，到线上购买商品是最明智的选择。

百思买深知亚马逊扩充的广泛性、迅速性及有效性，便很快作出了反应。事实上，百思买的例子也适用于更多的实体店，传统的零售行业若不想在互联网大潮中被后来者吞没，积极地靠拢电商无疑是个明智之举。关于这一点，我们在后面详述。

如果说贝索斯锁定了图书行业，并将其搬到网上以避免与实体店竞争，同时，却又主动性地颠覆了行业规则，将实体书店打得落花流水是一种高瞻远瞩，那么，今日的线下实体店慢慢趋于"网络化"，则是贝索斯必然要面临的另一种挑战。从高瞻远瞩到面临挑战，贝索斯既是进攻者，同时又是防御者。

那么，有着近半个世纪历史的百思买，究竟是如何发力以应对亚马逊的狂妄吞噬的呢？

百思买这个全球性的大企业，自然不会在大潮中落寞，成为时代的印象和人们记忆中的影子。不甘于坐以待毙的他，很快就采取了一系列应对方略。

第一，随着智能手机、平板电脑市场规模的扩大，百思买开设了相应的"百思买MOBILE（移动）"，并预计年均开店100家。同时，又试着在中国的五星电器手机卖场铺开店铺。或许，百思买想走一招"线下包围线上"的战略。

当年乔布斯的智能手机iPhone的问世，的确重塑了手机市场格局，可却并没有彻底将非智能手机淘汰出局。且不说这本身的可行性，即便智能手机市场如火如荼，要达到全球通用，也是一个渐变过程。

第二，当百思买更多门店充当着"Show Room（展览室）"的角色时，并马上针对性地在销售人员的销售技巧和卖场本身特色上予以强力打造，希望带给入店消费者不一样的感受。而百思买的高层也表示，对抗电商绝不是空想，只要加强销售技巧，且在服务上周到细致，就一定会收获惊喜。

第三，考虑到网购价格上的优势，百思买也积极与更多厂商合作，频频开展降价促销活动。这一方面可以弥补消费者支付出去的消费税、服务税，更能刺激消费者的购物心理。因此，当实体店在价格上也存在优势时，消费者的等待心理就可马上得到舒缓。

最后，网上购物的方便性，也连带着延伸出一种个性化。在网上，消费者能随心所欲地浏览商品而花费更少的精力，更重要的是，网上琳琅满目的商品足以满足人们与生俱来的猎奇心理。而百思买也注重在这一层面的打造，在实体店中增加了更多富有个性的商品，甚至独立开发自主品牌也被提上日程。

看来，亚马逊所挑起的这场征战必是旷日持久的。而这对于消费者来说，无疑是好事。用户体验在21世纪的首个10年里，就得到了如此完美的提升，让人不觉期待未来的电商大潮一定会更加精彩。

电商的崛起，逼迫着实体店不得不改弦易辙，在所有能想到的细分领域逐步强化，并快速衍生出更多未可知的购物感受。总而言之，包括亚马逊等在内的电商，他们为这个时代贡献的绝不单单是一种全新的购物体验。

当然，"线下"实体店的逐步完善，反过来就会对亚马逊这样的电商带来一定程度的冲击。这真是个奇怪又有趣的现象：往昔，实体店体制僵化；电商崛起，改变了购物体验；实体店受到冲击，不得不改变体制；电商见其体制变更，又打出更多引人入胜之体验……

对贝索斯来说，线下实体店在各层面的加强和改善，也是他希望看到的。而在这种趋势下，亚马逊在销售上也必然会遭受影响，毕竟实体店已意识到了缺陷，而他们的革新就是电商之困。

在美国如此，那么在日本呢？

日本不同于美国，消费者在实体店消费也不必缴纳税费，这样一来，亚马逊就没法在价格上占据更大优势。不过，在物流及顾客数据管理上，亚马逊还是棋高一着。

一流的物流服务体系，让亚马逊难有爆仓的情况。消费者网购的商品，只要库存正常，第二天就会送到。比较而言，受制于资金周转的困境，传统零售商多会减少库存，于是在商品送货速度上便略逊一筹了。

那么，相对于美国百思买反应迅速的应对方略，日本的传统零售商们有何良策呢？

对于亚马逊的崛起，从表面上看，更多人更容易被其商品"琳琅满目"的"假象"所迷惑，即只认为它是一个集合了多种"线下"商品的"线上"商店。而现在，更多人开始变得清晰了，更客观且冷静地看待亚马逊。于是，他们发现，亚马逊不只是个网上超市，更是个快捷商店。也就是说，亚马逊给予顾客带来的便利性主要依托于其仓储、物流的发达。故此，若想与其竞争，不妨在这两方面下功夫。

针对这一点，就日本来说，诸如淀桥相机和山田电机等家电旗舰店，便紧锣密鼓地在对用户需求作出快速反应。尤为值得一提的是，他们把一天的营业时间以2小时为单位，而由此出现的"指定配送时间"的服务，在消费者中间得到了盛赞。

简单说，他们发现了对消费者作出快速反应的重要性。于是便全力加强与供应商之间的物流信息置换，以便更好地应对"线上"企业带来的冲击。甚至于，在逐步完善的过程中，逐步具备主动挑战线上企业的能力。

对贝索斯来讲，"线下"对手可能并不是单一的某个企业，或某一类企业，所有"线下"企业在某种意义上说，都是贝索斯要时刻警惕的。因为，贝索斯用自己的方式让很多"线下"企业都面临巨大的生存压力，而"线下"企业，在十年磨一剑之后，也期盼一雪前耻。如此看来，究竟谁是真正的王者，还尚需等待。

3. 亚马逊·苹果·微软混战

互联网的江湖，是一个没有盟主的江湖。在这个巨大的以高手冲击而成的漩涡中，弱者自淘，强者淘之，能够屹立其中而久不倒者，当属强者，可却未必是胜者。因为，这片江湖，风浪不止。

在电子商务领域，亚马逊无疑是头号种子选手，在全球范围内，能与之匹敌者屈指可数。但在这一领域中，亚马逊并非一家独大。只是贝索斯所建立起的"亚马逊航母"极具代表性，并成为这个时代最需要标志时涌现出来的最佳角色。

网络时代的到来，要求一切都要更快、更完美、更极致。贝索斯不是那种单纯的完美主义者，可谁都不能否认他带给世界的惊喜。如果要以某个最具代表性且有着无限发展的改变去册封这些互联网英雄，乔布斯是智能手机倡导者、贝索斯是云概念倡导者。如此说来，好像世界上就这两个互联网英雄似的。事实当然不是如此。

在互联网领域，比尔·盖茨、拉里·佩奇[1] 和谢尔盖·布林[2]

---

[1] 拉里·佩奇，全名劳伦斯·爱德华·佩奇（Lawrence Edward Page），Google搜索引擎创始人之一。

[2] 谢尔盖·布林，全名谢尔盖·米克哈伊洛维奇·布林，Google公司的创始人之一，美国籍俄罗斯裔企业家。

也是不可忽视的"大腕",或者直接说微软和谷歌。于是,一个巨头集会形成了,它包括亚马逊、苹果公司、微软和谷歌。

四家公司其实各有自己的业务,原本是没有什么交集的,但互联网的特殊性,决定了世界上任何两家公司间都或多或少存在着某种割舍不断的联系,就更别提这"四巨头"了。值得一提的是,他们之间本来也没有针锋相对的绝对性竞争,还是互联网的性质起到了推波助澜的作用。

在这样一个难以逃离"面对"的时代,为各自企业的消费者提供最佳的服务和体验,就成了他们自成立之初最重要的事情。只是,当业务链的逐渐延伸打破了行业限制,他们之间也必然形成了一种微妙的竞争关系,即便他们不去想,也难以阻挡消费者有意的比对。大抵,所有竞争都源于此吧。

与亚马逊和谷歌相比,微软和苹果公司的历史更长些,但时间的厚重也无法抑制挑战的蠢蠢欲动。当后起之秀亚马逊和谷歌成为各自领域的领头羊,几番角逐也愈演愈烈起来。

亚马逊VS苹果

关于二者的竞技,两家公司创业者本身的对比似乎远比企业本身的对照更让人感兴趣。乔布斯和贝索斯,他们一个改变了手机工业,一个改变了人们的购物习惯,两人均在各自的领域里创造了神话,引领了变革。

若谈及两者间的竞争,iPad和Kindle Fire或许是人们津津乐道的,后者更是被看作是贝索斯可以接替乔布斯,成为科技界新任教主的终极武器。不过,双方的竞争其实绝不局限于此。

第一,苹果公司在业内被看成是硬件销售商,在价格上并没有更大的优势，这让投资者十分担忧。相比之下，亚马逊的电子阅读器居然低到了赔钱的地步，显然，极具价格优势的Kindle Fire对消费者更有吸引力。

第二，苹果公司面临的竞争对手好似"正规军"，比如谷歌以及身边的一些实质性"价格杀手"。反观亚马逊，因其早已奠定了质优价廉的基础，所以在一定范围内尚难以遇到绝对强悍的对手。

第三，亚马逊在推出新产品方面，依旧有较低的价格作为超强的护盾，这使得更多想与之竞争的对手难以近身。而苹果公司每年所发布的一款新产品，其创造的价值会占到苹果公司20%甚至一半的营业收入，如此看来，一旦其当年的产品开发出现失误，或是所发布的产品不成功，那么提交给投资者的财报将是不堪入目的。这一点，也是业界最替苹果公司忧心忡忡的。

最后，亚马逊有贝索斯这个"行业破坏王"，终究会在行业中大放异彩、熠熠生辉。而苹果公司已经没有了乔布斯，投资者和业界人士对苹果公司的期待，也随着那颗最耀眼的行星的陨落不复存在。这样比较之下，对亚马逊来说，苹果公司可能是"不足为惧"的，纵然贝索斯在短期内难以打破乔布斯"神话"，可在长期的持久战中，他大有颠覆"科技神话"（指乔布斯神话）的力量。

亚马逊VS微软

当苹果公司的iPhone出现，iOS[①] 这一移动平台也被业界所熟知，就在这一领域几乎要显示出一家独大的局面，只是谷歌Android系统的适时出现，让人们有了更多的选择。这就让人不必受制于苹

---

① iOS，是苹果公司于2007年开发的手机设备操作系统。

果公司产品的高价位。很快，iOS和Android成为两大平分秋色的移动操作系统平台。

据悉，谷歌Android和苹果iOS这两大系统占据了全球智能手机市场超过90%的份额。此外，在包括平板电脑在内的移动设备市场中，两者也瓜分了85%的市场份额。那么，在它们之外，是否能在一段时间内出现第三大移动平台，以打破这两家称霸的局面呢？有消息称，亚马逊和微软将成为第三大移动平台的承托者。

至于缘何需要第三大移动平台，业界人士给出的说法是：避免两家公司走向自满，妨碍创新。

这是事实。

当年乔布斯的iPhone，颠覆了传统手机领域，而今与谷歌共同执掌移动平台的天下，也多少让人期待另一个颠覆者的出现。那么，在众多互联网豪杰中，谁才有潜力成为终结这一"寡头"时代的舵手呢？很多人看好微软。

微软动作迅速，在2010年便发布了Windows Phone（微软手机操作系统），并在2012年推出了为平板电脑优化的Windows 8系统，虽然所占市场狭小，可凸显出了一骑绝尘的势头。

而亚马逊呢？其也是被看好的"种子选手"。据统计，亚马逊网站的独立访问者数高达1.06亿，同时网站中更吸纳了多数用户的信用卡信息。

在推出智能手机方面，亚马逊也更显得轻车熟路，毕竟，这是一个很热的领域，贝索斯绝不会放过。于是，一切都明朗起来，亚马逊和微软将成为未来第三家移动平台的竞技者。

事实上，亚马逊和微软的角逐，并不局限在这一个新层面上，平板电脑、云计算、软件测试……似乎在所有互联网所延伸的领域中，两者都有对视。只是，它们之间的对决也一样不是短期就能分出胜负的，所以这也是一场短期内没有结果的对决。

苹果、谷歌、微软，甚至还包括三星、诺基亚，他们之间都存在若隐若现的交叉竞争，而非只是单一企业应对群雄。在这场没有硝烟也没有最终结局的电商大战中因自领域的特殊性，逐渐使得竞争升级，绝不只局限于电子商务领域。对于用户而言，收获的还是一如既往的无限畅快体验，而对参与到其中的每位对手来说，也是在与高手过招之后的畅快淋漓，毕竟，在繁杂的竞争中，所有的企业才会更钟情发展，更笃信创新，更信奉革命。

因此，在互联网领域，没有真正的王者，或者说，每个参与到其中的企业，都是本领域的王者。

番外（一）

1. 贝索斯是怎样炼成的?

我们不妨在开篇之前对贝索斯的个性做一个小小的总结:

第一, 果断。

第二, 忠于内心。

第三, 有胆量。

第四, 极具颠覆性。

第五, 不同人在看待贝索斯时, 一定有不同的解读。而所有这一切因素, 便组合成了贝索斯。

这世界没有"神", 却存在着"神"一般的人, 这足以令我们欣喜若狂。一切看似奇妙的体验和旅程, 其实都有着一样简单而枯燥的准备。就如我们今天所做出的一个明智举动, 一定得益于过去一点一滴的积累。而那些如今在我们眼中光鲜靓丽的人物, 也有过快乐, 有过悲伤。

为了更系统地了解贝索斯, 我们不妨从一组数据开始, 这也是笔者在本书前面的内容中没有讲到的事情, 现在予以弥补:

1964年, 贝索斯出生于美国新墨西哥州阿尔布奎克, 他是一个私生子；

1968年，母亲带着他嫁给了米格尔·贝索斯（Miguel Bezos）之后改随继父的姓；

1986年，毕业于美国普林斯顿大学，而后进入纽约的一家高新技术开发公司Fitel；

1988年，进入美国信孚银行；

1990年进入华尔街一家计算机自动化交易系统公司D. E. Shaw，1994年7月担任副总裁；

1994年7月，成立Cadabra网络书店，后更名为亚马逊，并于1995年7月16日正式上线；

1997年5月，亚马逊成功上市，成为世界上最成功的电子商务网站之一；

1999年当选《时代》周刊年度人物，是美国《商业周刊》评选的"互联网时代最具影响力的25人"之一；

《Business 2.0》杂志2007年商业世界50强，杰夫·贝索斯名列第12位；

2007年《福布斯》全球亿万富豪排行榜，杰夫·贝索斯以44亿美元位列第188；

2008年《福布斯》全球亿万富豪排行榜，杰夫·贝索斯以82亿美元位列第110；

2009年《福布斯》全球亿万富豪排行榜，杰夫·贝索斯以68亿美元位列第68；

2010年《福布斯》全球亿万富豪排行榜，杰夫·贝索斯以123亿美元位列第43；

2012年《福布斯》全球亿万富豪排行榜，杰夫·贝索斯以184亿美元位列第26；

……

从这份类似年表的数据中，我们眼中的贝索斯变得更鲜活起来。他是不安分的，是个古灵精怪的家伙。而他的性格，自然也源于父母的遗传，即使我们没法考证他的父亲到底是一个什么样的人。但母亲给他的生活令他欣喜不已，因为他的继父像对待亲生儿子一样待他，这对于贝索斯儿时性格的塑造十分重要。

孤僻而乖张的性格，似乎从来都是单亲家庭中子女的专利，他们的这种性格特征对于成年后的人际交往有很大的影响。贝索斯无疑是幸运的，不是哪个继父都会善待与他同住的继子。

今天的贝索斯，有大孩子般的迷人微笑，我们没办法把这与继父给他营造的生活环境做一个必要联系，这不算科学，但影响总是会有的。

每个人童年的经历，都会左右着他今后的人生方向。贝索斯也是如此，他的聪明绝顶、精于计算、慎重决断，甚至是胆大妄为，在童年的一次次事件中都能找到最原始的影像。

贝索斯年幼时发生的一件事情，对他影响至深。那时的他每到夏天就会到德州祖父母的农场，帮忙修理风车和为牛接种育苗，一切力所能及的家务他都手到擒来。

2010年，贝索斯在普林斯顿大学学士毕业典礼上发表了主题为"我爱我的祖父母"的演讲，其中追忆到自己的童年时光，当时他这样说道，"我崇敬他们，也真心期盼这些旅程。那是一次我大概十岁时的旅行，我照例坐在后座的长椅上，祖父开着车，祖母坐在他旁边，吸着烟。我讨厌烟味。在那样的年纪，我会找任何借口做些估测或者小算术。我会计算油耗还有杂货花销等鸡毛蒜皮的小事。我听过一个有关吸烟的广告。我记不得细节了，但是广告大意是说，每吸一口香烟会减少两分钟的寿命。我决定为祖母做个算术。我估测了祖母每天要吸几支香烟，每支香烟要吸几口等等，然后得出了一个合理的数字。接着，我捅了捅坐在前面的祖母的头，又拍了拍她的肩膀，然后骄傲地宣称，"每天吸两分钟的烟，你就要少活九年！"①

可想而知，这样一句从一个孩子嘴里讲出来，对祖母造成的伤害会有多大。贝索斯回忆说，当时他原以为自己的聪明会为自己赢来掌声，可事实并非如此。他的祖母伤心地留下了眼泪。

如果这事儿就这么完了，贝索斯或许真的只会在日后的人生中为自己儿时的精于计算而欣慰，并真的以为小时候展现出来的善于发现、总结和计算能力，是促使他有后天成就的重要因素。若是那样，今天的贝索斯或许还是个成功人士，但很有"凶残"的可能。

当时，贝索斯的祖父注视着他，沉默片刻后，平静地说："杰夫，有一天你会明白，善良比聪明更难。"②

祖父简单的一句话，似乎彻底激活了贝索斯内心的小宇宙，让他明白什么对于他而言才是最重要的。后来贝索斯在回忆起祖父的那句话时，成熟的他有了新的认识："聪明是一种天赋，而善良是一种选择。天赋得来很容易——毕竟它们与生俱来。而选择则颇为不易。如果一不小心，你可能被天赋所诱惑，这可能会损害到你作

---

① 《贝索斯：唯善选择者生存》，《中国企业家》，2010年6月。
② 同上。

出的选择。"①

　　能够领悟到这些，还不算晚。此时的贝索斯虽然已经作出了一系列的选择：逃离硅谷，从前途无量的公司辞职，涉足互联网领域，选择图书为主营项目……但回头来看，他的选择似乎一次比一次明智。这虽不完全是祖父当年那句话的作用，可贝索斯所作出的进入互联网领域的选择，却有着那番话"延伸的力量"。

　　决定开办网上书店后，贝索斯急需一笔启动资金，到哪里去弄钱呢？他想到了父母。贝索斯的父母那会有30万美元的养老金，于是他把自己的意图告知了父母。父母得知后，就把钱交给了他，并说："我们对互联网不了解，更不知道什么是电子商务，但我们了解、相信你——我们的儿子。"②

　　贝索斯说："在深思熟虑之后，我选择了那条不安全的道路，去追随我内心的热情。"③

　　今天看来，贝索斯祖父对他说的那句话影响了他日后的人生。在作出选择的时候，他开始考虑周围人的感受，倾听他们的想法，而不是靠着自己的聪明去做每一项决策。显然，那是很愚蠢的做法。

　　作出正确而明智的选择，是贝索斯能够成就事业的一个非常重要的因素。他回忆说："我当时在纽约一家金融公司工作，同事是一群非常聪明的人，我的老板也很有智慧，我很羡慕他。我告诉我的老板我想开办一家在网上卖书的公司。他带我在中央公园漫步良久，认真地听我讲完，最后说：'听起来真是一个很好的主意，但是对那些目

---

① 《贝索斯：唯善选择者生存》，《中国企业家》，2010年6月。

② 同上。

③ 同上。

前没有谋到一份好工作的人来说，这个主意会更好。'"①

大部分人更乐于或者说习惯于"惯性"生活，在一个工作岗位上很难有热情想调岗的事。这也是大部分人难以取得大成就的根本原因：他们害怕重新选择、惰于选择。在他们的世界里，安稳才是人生应有且必须持续显现的状态，不停地选择则不是。

想想看，贝索斯若也存有这样的想法，那么聪明绝顶的他只能是混迹于某公司中总经理或总裁的位置，却无法成为这个时代的标志性人物。贝索斯自己也承认："是选择塑造了我们的人生。为你自己塑造一个伟大的人生故事。"②

每一次选择，都决定了我们人生的走向。今天的我们，即眼下的现实状态，便是我们曾经选择的结果：为什么我当初不选择努力学习，那样就会进入一所很棒的学校；为什么我当初没选择计算机行业，那样完全能在市中心的×××公司应聘到一份好工作；为什么我当初没跟A一起去闯，那样我可能早就是大老板了……

贝索斯没让自己的人生有类似的悔意。他忠于自己的内心所想，在每一个当下都作出让自己不曾懊悔的选择，并持之以恒。

更令人吃惊的是，贝索斯的选择不但成就了自己，也让整个互联网世界变得异常热闹。

或许，贝索斯就像乔布斯一样，生来就不是只为自己而活，更不是为了成就自己。改变这个世界的固有模式是他们与生俱来的责任，是他们生而为人的使命。

现在，再去想想"贝索斯是怎样炼成的"这个问题，或许我们每个人心中都有一个清晰的答案了。

①《贝索斯：善选择者生存》，《中国企业家》，2010年6月。
② 同上。

2. 一个真实的亚马逊

亚马逊是允许员工带着宠物上班的。这是亚马逊内部的一种文化。

笔者可能没法用太多篇幅去介绍亚马逊有多少员工带宠物上班，更叫不上它们的名字。但你或许知道，这仅仅是个引子，"带着宠物上班"的背后，渗透的其实是亚马逊的企业文化，这一点非常重要。

与很多中国老板不同的是，贝索斯总是以结果为导向，他不会纠缠于特别细枝末节的东西，更不可能事必躬亲，那样"他8小时的睡眠机制"就很可能被破坏了。在亚马逊，你随处可以感受到一种轻松、自在，没有环境的束缚，更没有陈旧的规矩的捆绑。每个亚马逊人都是自由自在的，这让他们有更多的精力和心思去呼吸新鲜空气，以让大脑在不缺氧的状态下想出最棒的点子。这就是亚马逊，一个没有压力和烦恼的地方。

贝索斯可能做梦都想不到，自己在亚马逊立下的"规矩"，居然都成了业内最亮丽的一道风景线。人们很热衷于探究这些规矩的本身和背后的含义，以审慎解读亚马逊，了解它到底是怎样成为一家卓越的公司的。

走进亚马逊，或许你只能在走到前台的部分才能看到亚马逊的

LOGO——上面写着：Welcome Amazonians（欢迎来到亚马逊），所以这透视出了亚马逊的第一个文化：低调。

位于西雅图这座浪漫城市的亚马逊，却没能继承城市本身的浪漫。数栋办公楼群组成了人们眼中的亚马逊，但奇怪的是，这个在全球都首屈一指的大公司，办公楼却再普通不过，而且没有一栋楼上悬挂或印刻着亚马逊的标志。走进这楼群当中，你很难体会到自己真的置身于一家顶级的互联网公司的总部里。

并且，这楼群也并非亚马逊所有，而是租赁来的。在租赁协议中，亚马逊是完全有权利将标志放在楼上的，开发商也迫切希望他们能如此。毕竟，这样动感的宣传比仅仅做楼盘广告来得更有说服力。可亚马逊还是拒绝了，这就是贝索斯提倡的"低调"文化的功劳。

不单单是在楼群外面看不到亚马逊的标志，即便是内部，也鲜有亚马逊标志，只有大楼的一楼前台才有。

从前台走进去后，便可以看到由工厂包装台改造的走廊装饰、旧唱片改造的会议厅装饰以及旧物改造的装饰画（此三者并非依次所见，笔者只是简单罗列）。与外界传言的谷歌奢侈的办公环境相比，亚马逊的内部显得更"返璞归真"一些。从哪个角度看，都难以与科技界宠儿这个名号画上等号，在其中感受到的甚至是一种家的文化。而这，就是亚马逊的第二个文化：节俭。

2009年的亚马逊股东大会上，贝索斯宣布的一条消息：公司内所有餐厅中自动售货机的灯泡都已拆除。对此，他的解释是："自动售货机里的灯泡只是为了让广告更醒目，所以他们跑到公司的所有物流中心，拆下了所有的灯泡。"[1] 若从开支的角度看，这项措

---

[1] 《亚马逊成功原因揭秘：节俭每一美元的企业文化》，（美）《财富》，2012年3月27日。

施的出台会让亚马逊每年省下几万美元。这与亚马逊上百亿的营收相比，简直杯水车薪，但这无疑体现出了这家大公司的思维方式。

接下来，若能在亚马逊里面转上几圈，还能看到电梯内供员工交流的写字板、宽敞的图书馆及舒服的沙发以及开放式厨房。那里，都是为了让员工们随心所欲交流的场所。这也是亚马逊的第三个文化：自由沟通。

任何一家公司，若没有一个能让员工毫无压力且能随时随地交流的环境、氛围，那么身在其中的员工是可悲的，这家公司本身更是可悲。

工作环境，未必一定要与严肃、安静和按部就班联系在一起，人的思维是活跃的，这也决定了更舒展的环境、放松的心情，更有利于奇思妙想的出现。亚马逊就为员工提供了这样一种环境。

不管是在厨房还是图书馆，员工都可以畅所欲言，把每一个一闪而过的想法记录下来，或当即与他人分享。而电梯文化，则更是亚马逊在员工交流上的一大亮点。

在电梯里，一块写字板的出现平添了短暂时间里的乐趣。或许，我们都曾在电梯中有过灵光一现，可在出了电梯门后，那种很棒的点子也一并被关在了电梯里。亚马逊为了让员工在进入公司后，随时都能与他人进行思维碰撞，便设置了写字板，它可以让员工自由沟通，毫无阻碍。

当然，提供给员工交流的环境和工具，未必一定达到某种规划性的目的。比如，有些公司在内部设置了建议板，希望员工能把自己对公司的建议写下来。但这很可能会成为一种负担，毕竟谁都不会去写太多的负面建议，而负面建议又往往是不能够让公司马上改观的。于是，不少公司的建议板只是摆设，根本无法发挥作用。

相比之下，亚马逊的那些自由场所，只为了让员工随心交流，他们可以谈天气、食物，甚至是家事、父母、儿女，总之，能够拉近员工彼此距离的事情，都不是被禁止的。显然，这才真正地达到了沟通交流的目的。而往往，好点子也是在一堆堆杂乱无章的思绪中脱颖而出的。这一点毋庸置疑。

在亚马逊办公室的门把手上，都可见一个"RUFUS"的字样。这是第一只进入亚马逊的狗的名字。这即是亚马逊的第四个文化：允许带宠物上班。

对于这一点，若从表面上看，似乎没什么可值得炫耀的。因为不少互联网公司或创新公司，不管是美国还是中国，都是允许员工带着宠物上班的。可能这能让员工随时放松。

不过，亚马逊的这方面文化，似乎更显出了人情味的一面。在公司楼下的自来水引用处，除了一个正常的饮水处外，还有一个低一些的水龙头设置，它是专门给宠物使用的。员工再带着宠物散步回来之后，就可以在这里让自己的小宝贝饱饮一通。

在人的角度看，允许带宠物上班更显出了公司以人为本的精神，可到具体的工作上，宠物的到来是否意味着会对员工的工作造成不便？比如宠物的大小便和叫声？

事实上，这些可以被带入公司的宠物，在这之前早已"毕业"于培训中心了，它们都是"科班"出身，经受过良好的教育，所以并不会乱来。当然，若某个宠物不太听话而胡来时，它的主人也会因此而感到抱歉，因此他们会及早地在这种可预见的情况发生之前做好准备。

亚马逊里的大部分宠物，都是礼貌而令人喜爱的。员工在彼此交流的过程中，它们会乖乖地待在主人身边，不吼不叫，也不会表现出异常的惊恐和愤怒，只会在那里轻松地摇着尾巴。

贝索斯打造出的亚马逊氛围，并不像外界传言的那样刻板僵化。在工作上，贝索斯是另一副模样，或许有时候会表现出一点不可理喻，甚至叫人难以接受。而在企业文化上，他力求让每一个亚马逊人都在公司里"安身立命"，把这当成自己的家，可以随心所欲。

一个人在自己的家里，可以不修边幅，可以乱放物品，可以出言不逊。不过，他绝不会做出伤害自己家的事情。或者说，不管他在家里如何放纵，在外面却从会努力营造一个良好的形象，让人们感受到他是从一个"非比寻常"的家里走出来的人。

或许贝索斯就是如此。

员工在公司里可以自由畅想，没有那么多的条款和规定，更重要的，贝索斯明白，一个能把公司当家一样看待的人，也一样会在"大家庭"的发展上肝脑涂地，会竭尽所能让自己的家更美满、幸福。

这就是亚马逊，一个真实的亚马逊，甚至是一个令人心驰神往的地方。

3. 三种文化

如果说上面谈到的四种文化更闲散，让人们获知了亚马逊的内部究竟是怎样一个其乐融融的大家庭，那么笔者接下来要说的，则是另外三种有别于此的文化。这是属于一个公司的固有文化，它不够软性，但不可缺失，是引领一个公司朝着更正规的方向发展的力量。

不管是低调、节俭，还是自由散漫，在亚马逊里存在的意义都非同凡响，但他们更重在人文关怀，贝索斯致力于打造让员工舒适的环境。然而，企业发展自然不只有闲适，更多的还是规章制度，这是推动企业永续发展的硬道理。

提到文化，政治、经济、社会及生活都离不开它，而企业更是如此，成功的企业文化，必然会导向成功的企业。亚马逊的成功，也自然与其成功的企业文化密不可分。系统地说来，成就亚马逊卓越功勋的无非三种文化。

第一，员工素质。

相信这一点对每个公司来说都很重要。亚马逊自然也格外看重员工素质，因为这是满足全球性顶尖的互联网企业亚马逊迅速扩张的基础，也是核心力量。

从公司成立以来，亚马逊的员工数量随着销售额的迅速攀升而有了庞大的基数：1996年底约150人，1997年底600多人，1998年中约900人……公司规模的扩大，员工越来越多，可人数的变化却没能让亚马逊坚持的"用人策略"打折：即员工的素质是其能否进入亚马逊的关键。

在亚马逊，学历虽然不是最重要的，可仍是一道能让员工"破门而入"的"灵符"。亚马逊有着一支聪明的员工队伍，因其员工大多来自普林斯顿、哈佛、斯坦福等知名院校。这些员工，不是捧着学历直接走进亚马逊大门的，也是经过了过五关斩六将才捧得了亚马逊的饭碗。

此外，亚马逊还会从微软、沃尔玛等顶级公司中招聘人才。这不属于"挖墙脚"，而是商业上的"人才流动"——贝索斯清楚，年轻的团队虽然富有激情，承压性更强，很容易克服困难达到目标，可毕竟经验不足，对行业涉足尚浅。而从那些顶级公司出来的人才，才是能在前线冲锋陷阵的，因为他们经验丰富，亲身经历了企业快速成长的过程，对那种感觉"身临其境"。

就如很多互联网公司一样，亚马逊的员工也趋于年轻化，平均年龄仅28岁。如此活力四射、激情满怀的年龄，更是大展身手的好时段。他们精力充沛、勇往直前、无所畏惧，一切困难之于他们，都如蝇头之光一般羸弱。也就是这样一群人，才在贝索斯的带领下颠覆了行业规则，打破了业界限制，创造了时代传奇。

第二，薪酬。

很多公司都把金钱奖励作为一项行之有效的激励策略。这本无可厚非，因为大部分人都希望工作之后获得相应的报酬，而多劳多得的绩效策略正是再好不过的。不过，在亚马逊几乎看不到这一点。

这或许是亚马逊独有的一种文化。

一般情况下，亚马逊支付给员工的基本工资比市场平均水平还要低一些，但这比公司内的高层领导却好得多，因为职位越是往上走，薪水越少。此外，在亚马逊内部你也找不到什么短期激励计划。

亚马逊这种低工资文化，其实与其本身所处的竞争环境、成长阶段以及着眼于长期发展的企业文化密不可分。尤其是后者。

贝索斯是个战略家，在亚马逊1994年成立时，他就定下了长期的发展战略。于是，他坚信一点：为了公司的长远发展，公司内所有员工都拥有公司的所有权。从总裁到仓库员工，任何一个亚马逊员工都拿到了具有市场竞争力的股票期权。对于那些和贝索斯一样有眼光的员工来说，这绝对是比任何物质奖励更有诱惑力。

很快，员工们的"赌注"有了回报。当亚马逊上市一年多以后，股价攀升到了200美元左右，绝大多数员工都因此而获得了一笔可观的收入。就连一年收入仅1.8万美元的仓库工人，都由此获得了5万美元的入账。

贝索斯制定的这种战略，可以最大限度地将所需的人才吸纳在亚马逊内部，员工也会通过几年的等待而有"一飞冲天"的可能，毕竟他们切实地得到了令人满足的收入。而股权比起眼前的现金奖励，似乎更让人着迷。

股权激励不是任何公司都可以采取的激励措施，贝索斯作出这样的决定，也是有其原因的。亚马逊需要的是聪明、上进善于思考且与众不同的员工，更重要的一点是，他们必须有着肯与亚马逊一直走下去的心思。所以，贝索斯知道，他必须要打造一种让每一个进入亚马逊的员工，都愿意把它当成自己公司的激励策略。如此，才能留住真正需要的人才。

于是，没有更高的基本工资、没有短期激励制度，却有让人心痒痒的股权分配。这样搭配在一起的薪酬策略，成功地让亚马逊招揽来愿意与它一起共进退的仁人志士。在开拓进取、勇往直前的道路上，贝索斯也不再感到孤独。

第三，用户为王。

关于这一点，我们在前文早已有细致阐述。在此单独作为企业文化去说，自然会从其他角度概论。

从现代网络营销角度讲，亚马逊无疑是最成功的企业。贝索斯在进入图书行业之后，很快就让亚马逊拥有了450万客户，且在一段时间内，创造出了每天售出6万册书的好成绩。而今，亚马逊早已从图书行业这一跳板纵身一跃，"开疆辟土"，在多个领域都有领地。

然而，一个值得人们深思的问题就在这看似理所当然的过程中出现了。网络时代的兴起和蓬勃，催生了数以万计的电子商务网站，而这些网站或分门别类，或一家多个项目，对用户的选择给予了充分的多样性。用户未必要在一个网站上购买所需要的两样东西，当然，也完全可以在一家网站购买需要的多件商品。亚马逊与很多电子商务网站看似并无二致，可缘何它会成为全球顶尖的电商？

这与亚马逊的企业文化——用户为王密不可分。贝索斯从建立亚马逊开始，就把为用户提供最便捷的服务作为公司的准则和精确信念，他致力于将亚马逊打造成为世界第一，让其成为"用户至上"的公司。

假如你在亚马逊购买了10本书，收货的时候发现少了1本，你可以当即与亚马逊联系，或者只要一封简单的邮件，就能得到自己缺失的那本书。对于许多电商来说，这可能是件很危险的事情，因为大部分企业都要通过一系列的调查来证明的确是因为邮寄出现了问题，而非你个人的恶意索取。但亚马逊不会那么做，它只会选择信任它的每一个用户。

当这种信任成为亚马逊的一个标志，越来越多的用户都将牢牢地被吸纳到亚马逊上，这对亚马逊而言，又岂能是一本"多"快递出去的书的价值能衡量的呢？

多年来，亚马逊始终坚持以用户需求为导向和发展之本。所有亚马逊员工也以此为导向服务于所有用户，为他们提供每一次非凡的体验。于是，但凡亚马逊的用户从登陆开始，都能从每一个细节上感受到亚马逊人在服务上倾注的热情，用户甚至会觉得亚马逊的所有服务都是为其量身打造的一样。在这样的网站上完成一次购物体验，真的就如同享受了一次美妙的旅程一般。有谁会拒绝把自己的需求完美细分的平台呢？

贝索斯打造出的这三种文化，在亚马逊内部似乎形成了一张大网，员工们都是这张大网的编织者，同时也是受益者。而这张大网在员工们的拉伸下，开始覆盖到规模越来越庞大的用户群，他们被网罗在亚马逊上，成为其忠实的用户。进而，亚马逊本身越发健硕，这也让那张大网的覆盖面更宽广无垠了。

促成亚马逊成功的因素很多，但上述三种文化无疑是多种原因的发散或引申，它们既是诱发贝索斯做出非凡策略的动因，又是客观上的市场反响影射到亚马逊身上带来的结果。如此看来，贝索斯已在亚马逊身上打造出了一种良性循环，甚至让它具有"磁铁"的吸引力，它已无须深挖自身，创造黏性，因为那早已成了人们识别新时代体验的标识。

4. 顽童老板

贝索斯是个私生子，这样的身份并不能说明什么，但今天的贝索斯，头上的"光环"早已淹没了一切不利的评价。而他本人，也没有不情愿，丝毫不具有异样的出身而来的些许尴尬或遗憾。他是个开朗的人，积极进取、充满阳光。

贝索斯的继父米格尔·贝索斯，20世纪60年代初期从古巴移民美国，当时在埃克森石油公司任职。而他母亲，则在银行工作。家庭的重新组合并没有让贝索斯觉得不适，相反，因为与继父感情融洽，他反倒比那些"原配"家庭的子女获得了更多的快乐。

虽然家庭和睦，但贝索斯年幼时不是个听话的孩子。如果说他在3岁的时候就自己拆掉小床的围栏，显示出了他不喜欢受到任何拘束和过分保护的个性，那么童年时热爱田园生活，乐于跟动物牲畜接触，并在祖父的农场里修理水泵和阉牛，似乎更能看出点其他的个性。是的，崇尚自由、随心所欲，大概是贝索斯从童年汲取的最丰富而健康的养分。

在与祖父共处的日子里，这个日后的顽童老板一样掌握了不一般的技能。在他还很小的时候，他的祖父就带着他在农场里到处闲逛，每次都指着贝索斯或许回答过无数次的广告牌或标志牌考他，更会在看到数字时让他大声读出来。这种图像训练我们在今天都能找到很科学的理论作为根据，但在当时，他的祖父无疑是很有先见之明的。

贝索斯的祖父还有一本儿童菜谱，这是让他雀跃不已的事情。按照菜谱上的提示，祖父常常让他亲自动手去做喜欢的菜式，同时要自己去准备所需的工具：比如一定量的水和某种辅助佐料等。儿时的贝索斯，已经对计量单位有了很深刻的印象。

每到节假日，贝索斯获得训练的机会又来了。祖父会把记录亲朋好友的电话本拿出来，自己一边读出那些数字，一边让贝索斯拨号。总之，祖父会用很多种简单却有效的方法锻炼贝索斯对数字的敏感程度，比如大声读出报纸上的电话号码。

再则，祖父会刻意把家里的毛巾和浴巾混合在一起，引导贝索斯通过颜色区分来分类，以强化对颜色的敏感度。

小时候的脑部开发，对贝索斯成年后的影响很大，我们虽难量化这种影响，并很难去找出一件恰好由儿时兴趣和习惯所引起的事件，可我们都清楚，那是一种只可意会的心灵能量，会伴随着一个人的一生。

小时候的贝索斯是古灵精怪的，慢慢长大以后，他把自己的聪明才智用在了事业上，这对于事业的推动不言而喻。只是，他总会在别人还一头雾水的时候作出大举动，让他人的迷惑感和刺激感雪上加霜。

亚马逊的第一位员工谢尔·卡凡曾回忆道："那天一早刚来到办公室上班，贝索斯就告诉他：'今天不用工作了，去雷尼尔山（Mt. Rainier）吧，今年能去雷尼尔山的日子就剩最后几天了。'"① 就这样，两个人不管手上都有多么重要的工作，不管不顾地背上行囊，去雷尼尔山痛快地玩了一番。

说贝索斯是顽童老板，绝非无中生有。很多时候，他会拿着水枪躲在某个角落，在员工下班走出办公室的时候向他们身上喷水。很难想象这是一家全球顶尖公司的老板做的事情。但事实就是如此，贝索斯总能给身边人带来惊喜，哪怕这份惊喜中有"惊吓"的成分。

贝索斯有着清醒的头脑，可以冷静地判断前方出现的是机会还是陷阱。这种非凡的判断力，是推动亚马逊扬帆远航的关键所在。而同样地，他的这份"特异功能"，就实实在在地源自童年时代的那份磨炼。

学生时代的贝索斯，就已能凭借清晰的头脑去判断自身的优点和缺点。他曾在日记中这样写道："当我环顾左右的同学时，我发现，班里有3个同学的物理成绩比我好，他们都具备物理天赋，学习起来既容易又愉快。我意识到我不聪明，当不成物理学家。"②

贝索斯不是不够聪明，而是他明白自己应该在哪个方面发力，才能收到预想的效果。于是，他改学了计算机，这为日后亚马逊的"起航"奠定了早期的"技术"基础。

冷静判断加果断决定，让贝索斯在拓展亚马逊业务上亦是如鱼得水。当谷歌在搜索引擎领域大放异彩之后，贝索斯也觉得亚马逊应该添加这项功能。只是，在一番测试后出现了"水土不服"的症状时，他果断地放弃了。他知道，以当时亚马逊自身的状况，添上这一剂"猛药"并不能马上武功卓绝。

---

① 《亚马逊顽童老板贝索斯：可以带宠物上班》，《经济观察报》，2011年9月10日。
② 同上。

从细节之处我们早已了解了他的"另类"，而贝索斯在航空领域的卓越贡献，就更令人叹服。

他早在多年以前就曾表示，已为儿时的欲望攒下了足够的资本。2003年，贝索斯准备在太空探险行业大投一笔，且更是在亚马逊上对关于太空研究的书籍做了很多评论。他称，美国宇航局早些年的太空行动及登月行动，早已让年纪尚幼的他心驰神往了，为此，他的梦想就是成为一名航天员。

当时，贝索斯的身价在17亿美元左右，这足够支持在航天飞船这一事业上的开销。而他更是在得克萨斯州买下了16.5万公顷的土地，准备在那里建设一座航天飞机发射基地。更有准确的消息称，贝索斯已经创建了一家名为"蓝色起源"的公司，似乎寓意着他即将要为冲出这"蓝色星球"而努力。此外，贝索斯还希望能够在太空建立一个永久性人类生活基地。

为了让自己的太空计划更显专业，或者说更有实现的可能，贝索斯还将一批专业人士——包括物理学家、前NASA[①] 科学家甚至科幻小说的作家等网罗到旗下，共商航天大计。很快，贝索斯建造宇宙飞船的事情不胫而走。

2011年，是贝索斯的航天梦终于可圆的一年。这一年，他的无人宇宙飞船建造成功并开始试飞。但令人遗憾的是，该飞船在试飞的过程中突然失控，最终销毁。据报道称："这艘由私营公司蓝源（Blue Origin LLC）研发的宇宙飞船两周前在该公司西德州发射中心进行亚轨道飞行时，开始偏离轨道，并与地面人员失去正常联络。

———————————

① NASA，全称National Aerenautics and Space Administration，美国国家航空航天局。

调查人员正对找到的飞船残骸进行研究以查明事故原因。"①

　　这艘完全由贝索斯个人出资建造的宇宙飞船，最终并未能圆了他的航天梦，却是一次尝试。他为更多人提供了借鉴和经验，而就贝索斯本人来说，这也是下次航天计划的基础。投入的金钱，换来的是宝贵的经验，这已足够。

　　航天梦的破碎，并不会阻挡贝索斯向令人意想不到的梦想奔去的脚步，他还是那个一脸迷人微笑的贝索斯，还是那个思想怪诞、表情真挚的人。而这个破坏之王能够承受和向对手发出去的挑战，也将"愈演愈烈"，因为他是这个世界的"终结者"。

　　如果把那些世界顶尖的创业者盘点一下，不论是比尔·盖茨、乔布斯、谢尔盖·布林、拉里·埃里森，还是日本的孙正义②　、中国的马云……这些人中，大多数都很"规矩"，唯独贝索斯是个很会"胡闹"的人。可就是他这种"天不怕、地不怕"的性格，才更容易在汹涌澎湃的江水之中驾驶一叶扁舟安然渡过。无疑，这是王者之风。

　　贝索斯和亚马逊，如乔布斯和苹果公司一样，他们都是各自公司的精神领袖，是公司的"灵魂"。没有了乔布斯的苹果公司，从目前看已经没有当初的势如破竹了。而亚马逊的顽童老板仍在，它的未来也是值得期待的。

---

① 《贝佐斯：宇宙飞船梦碎》，《国际金融报》，2011年9月6日。

② 孙正义，韩裔日本人，毕业于美国伯克利大学分校，日本软件银行集团董事长兼总裁。

5. 今日贝索斯和他的使命

和互联网领域中的大部分人一样，贝索斯也为亚马逊设定了一个崇高的目标。有人说，松下幸之助在刚刚组建松下电器时，就设定了250年的发展大计。不论这个说法正确与否，不可否认的是，这些成就百年品牌企业的领导者，在自己心中都勾勒出了企业发展的清晰蓝图。贝索斯也一样，他对亚马逊也一样有着使命。不单单是个人使命，也是公司的使命。

亚马逊带给人们的印象，多是零售商，其实，它是一个技术公司。贝索斯在建立亚马逊之初，所想着的是用"互联网的方式"改变传统的阅读或购书方式，绝不仅仅为了建立一家网上书店。而他的目的也不仅是为了卖书，而是为了实现更大、更传奇的购物特征：即便是实体大书店，其中也不过几万种图书，可网上却能有几百万种图书。

在互联网的世界里，越是看起来荒诞、怪异的想法，就越是能找到落脚地。因为，互联网本身就是在不可能中诞生的，它渴望吸纳更多的元素，以丰富这个"天外族群"。

我们很容易能了解到，贝索斯本人的个性与互联网的属性能巧妙而顺当地糅合到一起，且不会发生冲突。他们之间的合作是那样的天衣无缝，让人觉得互联网天生就是贝索斯的战场。在这片可自由驰骋的天地，贝索斯开始孕育着亚马逊、推动着亚马逊。

贝索斯说："盛田昭夫为索尼选择了超越索尼自身的使命，当我们说亚马逊是世界上最以客户为中心的公司时，也应该抱着同样的想法。"[①]　很明显，贝索斯不仅希望亚马逊成为商界中的领军者，更希望以此为基点，让整个世界都发生变化。

当然，任何大计划的出现都可能是"灵光"一现的事儿，但实施或彻底转变成巨大的商业价值，就极可能是个漫长而孤独的过程了。在这个过程中，更多人持观望态度，他们不太愿意与行业革新者偕行，更习惯在成功有所迹象之时跳入追随者的行列，成为托起辉煌的绿叶。但也恰恰是这些绿叶，才让贝索斯心中的"红花"开得更加绚烂。

云计算AWS和Kindle电子书是贝索斯的又一个大动作，虽然这两件事情都已落到实处，虽然在亚马逊的营业收入中只占很小的比例，但它们已开始成为亚马逊新的业绩增长点。更关键的是，它们开始成为贝索斯新使命的延续。

当纸质书籍在传统领域占据着绝对支配地位时，谁也没有料到，21世纪，整个图书行业会发生重大变革。虽然电子阅读器的出现，尚不能终结传统图书行业，可带来的巨大冲击早已有目共睹了。而贝索斯全力推出的Kindle电子书，无疑会在未来的某个时段成为电子阅读领域中的佼佼者。依托于以图书起家的亚马逊，加之配套的商店，从今天看来，似乎我们都敢断言几年甚至几十年后它的发展盛况。——那必将是一派震惊业界的景象。

---

① 《亚马逊的进化》，《环球企业家》，2011年4月。

作为重新定义了购物方式的贝索斯来说，他似乎已经习惯去改变世界固有的模式，而Kindle的出现，再次满足了他在这方面的奇思妙想。这个重新定义阅读的产品，一度成为亚马逊最畅销的单品。而苹果于2010年发布了iPad之后，业界开始替功能单一的Kindle担忧，尤其是苹果iBook网上书店的出现，这似乎让Kindle遭遇了"困兽之斗"。

不过，一向乐观的贝索斯却并不认为iPad会对Kindle造成正面压力。原因或许是，Kindle作为专业的电子阅读工具，有防止视觉疲劳、超长待机、60秒之内购买到想看的书籍等功能，这似乎对喜欢阅读的人会造成巨大的黏性效应，这些显然是与iPad的不同之处。

2010年圣诞节当天，Kindle和亚马逊电子书单日销量创下了奇迹：达到历史最高值，而其全年电子书销量更超过平装书销量。对此，贝索斯欣喜不已地说："Kindle的使命肯定还没有结束。"[1]

而Kindle的强大功能，更是让贝索斯发出了这样的感叹："这非常酷！的确对世界有益，而且我想这是一门好生意。"[2]

目前，亚马逊在美国有超过81万种电子书、报纸、杂志，用户可以实现"一次购买，各处阅读"的超值体验。不管是PC（个人计算机），还是手机和Kindle等终端设备，都能轻松实现阅读。贝索斯对Kindle寄予厚望，希望它能承托起亚马逊的使命走得更远。

事实上，在贝索斯的概念里，最值得称赞的还是云计算服务。"与出租冗余的仓储物流能力向商家提供物流服务一样，云计算

---

[1]《亚马逊的进化》，《环球企业家》，2011年4月。
[2] 同上。

的初衷是将亚马逊闲置的IT设备和运算能力尽快赢利——由于电子商务IT架构必须按照销售峰值建立，以保证购物高峰的客户体验，在大多数时候，会有部分资源空闲，于是亚马逊将技术上的优势和运营网站的经验打包出售给其他商家。美国零售巨头塔吉特（Target）、英国百货公司玛莎（Marks&Spencer）等都是亚马逊的客户。"①

当然，云计算业务并不是一开始就为贝索斯争光。当年，亚马逊对外宣布云计算业务赔钱时，一度让投资者失去了信心，这也影响了亚马逊在华尔街的信誉，甚至它当年挺过互联网寒冬，并实现赢利的奇迹都难以抵消云计算业务对投资者造成的心理压力。贝索斯对此给出了这样的答复："我们认为，一切从客户出发是对的。如果某些人短期内误会我，没有关系。"②

就像前文提到的那样，贝索斯眼中的云计算是一粒种子，人们不知道它会长成什么样的树，可结局是，它一定会长成一棵大树。

事实证明了贝索斯果断抉择的明智性。就如以往的每次决定一样，在紧要关头上贝索斯所坚持的，都会在时间的验证中得到正面的答复。

截至2012年，亚马逊的云计算业务已经从2006年的起步阶段，成长为一项营业收入达到10亿美元的业务。

2013年5月18日，亚马逊推出了自己的虚拟货币。显然，亚马逊此举，意在刺激用户更多地去购买亚马逊推出的各种应用软件服务。虽然在这一领域，谷歌、苹果等"巨头"早已先拔头筹，但掌控亚马逊的贝索斯最擅长的就是破坏规则。对于未来，贝索斯充满

①《亚马逊的进化》，《环球企业家》，2011年4月。
② 同上。

信心。今天的他，有着以往不曾具备的成熟与睿智，沉着与冷静。他所做的一切，都是为了在将亚马逊打造成一个囊括多领域核心业务的"巨无霸"，这是他的本色，也是他的使命。

重塑购物方式、重塑阅读方式，贝索斯赋予亚马逊的使命更崇高且令人钦佩，支撑他做出这一切成就的动力，就在于改变世界的强烈愿望。或许，不能很明确地说他有着改变世界的渴望，而只能说他习惯了去颠覆传统、破坏规则。

番外（二）

1. 实体书店如何突围？

目前看来，突围这对实体书店来说是最棘手的事。

当互联网的发展让电商如雨后春笋般迅速林立之际，实体店遭受了自诞生以来的首次磨难。但"上帝"似乎并不希望实体店就此沉寂，而2000年前后那场"互联网泡沫"的破灭，则是对电商的一次沉重打击。只是，在如此寒冬之季，中国和美国各有一家极具代表性的B2C网站幸运地活了下来——当当网和亚马逊，且两家的主营项目都是图书。

接着，出现在我们眼前的事实已众所周知：它们都以自己的方式吞噬着实体书店的份额，且毫不留情。

"十年磨一剑"，当亚马逊于2007年推出Kindle电子书阅读器后，似乎标志着电子书时代开始大行其道，而后，一大批配合其他智能终端的设备开始普及，它们不约而同地形成了一个"联盟"，逐渐吞噬传统图书行业。

与"绳锯木断，水滴石穿"的成语释义不同，电商们并不是那种蚕食传统图书行业，而是一番强攻猛打，迅速地将其阵地攻克。于是，出现在我们眼前的一幕是：美国第二大传统图书零售商博德斯集团于2011年倒闭，而中国最大的民营书店第三极书局倒闭及光合作用连锁书店资金链断裂……

传统图书行业与电商相比，早已显出了竞争的疲态，已成为夕阳产业。整体的市场容量增长缓慢，且并没有可助其实质性变革的办法。

那么，在实体书店面临如此严峻的局面时，难道没有办法令其在重重困境中突围，以求得片刻喘息吗？

要找出突围的办法，就得找到自身的弱点和对手的优势。所谓"知己知彼，百战不殆"，以弱攻强，结果自是不敌对手。反之，寻找到对手的弱势，或合纵连横，从政策、渠道等多方面谋得助力，不失为一个办法。

在网上售书未兴起之前，人们想买书，唯一的选择便是去书店。而当亚马逊、当当网等电商崛起后，巨大的便利性为顾客在选择购书上带来了惊喜。他们突然发现，自己所要的书籍，从网上可随意查询，足不出户就能买到。于是，网上购书具有的完善流通体系、点对点服务、更大的价格优势等，都成了猎杀传统书店的绝佳武器。

对比之下，实体书店的弊端都有哪些呢？

第一，价格是难关。

网上售书无需店面和人员费用等，这就为其赢得了巨大的价格优势。而实体书店受制于这些因素，因此图书价格绝不能实现5折或6折，疯狂的3折就更别提了。一般来说，实体书店能打到8折就已是一大难关了，甚至一些书根本没有折扣。而同样的产品网上书店却便宜很多，读者怎能不去网上购买呢？

第二，种类太稀少。

在实体书店想找一本刚刚上市不久的书，实在是太难了。一般的实体书店难以做到更快捷的图书更新，而以教辅资料为主更是多数书店的"强项"。如此一来，无疑降低了整体图书品类。对比之下，网上书店可轻易搜索到上万种，甚至百万种图书，这岂是实体书店能够做到的？

如果仔细去总结网上书店与实体书店的差异，恐怕不仅仅是以上两点。但就上述两点的差距，就足以让顾客转实体而投网店。这么说来，实体书店是不是在这两方面下功夫，就一定能与网上书店分庭抗礼了呢？

相信任何实体书店都难以做到网上书店的低廉价格，而在种类上也无法做到大而全。不过，虽不能从这两方面下手，却可以曲径通幽，绕道而行，不与网上书店搞冲突式竞争。

实体书店可以从如下几个方面入手，以改善其在顾客心中的形象。

第一，保持正版形象。

顾客买到盗版图书时的气愤心情，是很容易理解的。而这一点，网上书店是无法提供100%保障的。可一旦顾客发现自己在实体书店购买了盗版书，完全可以直接进店要求退换，这很合理。因此，网上书店对顾客来说，可能并不完全牢靠，实体书店务必将这一优势发扬光大。

而这里所谓的"不完全牢靠"，即并非盗版在网络上很猖獗，到了"逢网必盗版"的地步，只是网络的便捷在某种程度上也让"盗版团队"有了生存的土壤。在网络上买了盗版书，在退换货方面会耗费一番周折，在支付邮费上也可能出现"冲突"，即使最终顺利解决，可网络体验在心中的"不良性"，也会让人对网上购物心存芥蒂，这或许是网店要面临的一个"顾客心理"方面的难题。

相对而言，实体书店的店面确定性，在某种意义上决定了退换货的真实和便捷性。

第二，打造文化场所。

顾客买书，其实不仅仅是冲着价格和品类的。相信最初在网上书店尚未出现之时，那些坐在书店一角慢慢品读手中书卷的顾客，更看重的是实体书店里的文化氛围，他们习惯慢慢挑选书籍的感觉、更喜欢书店浓郁的文化气息……这些都是网上书店无法递送给顾客的。

当顾客无法从实体书店获得内心想要的安宁与文化时，顾客莫不如尽早选择想要的书籍，然后在自己家中细细品读。

因此，实体书店不能单单把自己看作是个卖书的地方，更应将书店打造成文化交流、传播甚至互动的平台，为读者提供更贴心的文化服务，让每一位到店的读者都能感受到心灵的放松。

第三，优化购书环境。

在实体书店内翻阅书籍，查看相关资讯，信手抽出书架上的任何一本书籍，这种真实的体验是网上书店无法提供的。实体书店在这方面，应加大环境的优化，比如在店内装潢上体现出浓郁的文化气息，播放轻柔音乐，让进店购书的读者一下就能被感染，而后加上其挑选图书的场景，对于爱书的人而言，是一种美的享受。

中国人民大学新闻学院副院长喻国明认为："实体书店体验环节无法替代，可将爱书的人关联起来，汇聚与文化相关的产业，让大家在这里学习、互动、交往、分享成果，做成一个人人爱去的文化场所。此举不但营造了好的文化氛围，还将各类文化资源对接，打通各关联活动的节点，形成新的产业和创意。"①

---

① 《实体书店突围需打造文化氛围》，《长江商报》，2012年10月。

第四，深化情感效应。

进入实体书店的读者，多半不会空手而归。他们去书店的目的之一，便是对知识有需求。当然，随意翻开图书，无目的阅览者也不在少数，可他们很可能被某本不在购买计划中的书籍所吸引，进而实现交易。

相对而言，那些常去书店的读者，就很有必要被书店当作目标顾客。书店可以加大在读者诱导方面的力度，帮助那些老客户甄选优秀书籍，同时根据他们本人诉求推荐相关类型书，这不但能加深书店在读者心目中的印象，更能强化书店与读者的情感，而这也是培养忠实顾客的方法之一。

进入书店的读者，有很多或许并不希望别人打扰。这时，店员要做到审慎决定，对那些在书架面前犹豫不决的人给予指导，可在其徘徊的图书区域进行介绍和推荐。如此，就更能拉近书店与顾客的距离。有时候，来自情感的效应远胜过价格优势。

实体书店起到的是搭建人与文化之间桥梁的作用，而对它的保护，或许也是所有人的责任。但这不是拒绝图书行业向更先进的方向发展，法国书店联合会代表米松说："书店应该在如何把读者、学者、企业家以及政客吸引到书店来多下功夫，让人们在探寻文化、科技、哲学和政治的新观念、新动态的同时，达到交流、互动和共鸣的目的，这才是书店的立命之本。"①

---

① 《实体书店如何挺过"电子狂潮"》，《环球时报》，2011年11月11日。

2. 电子商务的发展空间还有多大？

　　这是个很难准确回答的问题。它不是一道数学题，也不是脑筋急转弯，而是一个概念模糊却又让人可清晰地看到未来的问题。

　　电子商务自诞生到今天，走过的年头不算久远，但发展态势极其迅猛。2006年，全球电子商务交易额极速攀升，高达12万亿美元。而另据权威报告显示，全球电子商务在未来几年还将乘风破浪，快速发展，直到鼎盛时期。

　　随着经济全球化的纵深发展和信息技术的多样变化，在未来，越来越多的行业将会开展多种多样电子商务形式。换句话说，对电子商务的刚性需求，将更进一步拓宽这一市场，令其空间无限广阔。

　　在此，我们不妨看一项权威调查数据。截至2005年末，全球网民数已突破10亿人，这一数目还在不断上升之中。而网民数量最多的国家仍是美国，其网民达1.75亿人，中国紧随其后，以1.11亿的网民数位列第二。如此看来，全球电子商务还有广阔的发展空间，更辉煌的未来。

　　截至2012年6月底，中国网民数量已飙升至5.38亿人，这意味着中国电子商务的发展空间将进一步被拓宽。

在中国第七届网商大会暨第六届西湖论坛上，与会者曾提出"电子商务的发展已经十分迅猛，但其未来还将有多大空间？"的问题。对此，曾任阿里巴巴网络有限公司执行董事、现执掌嘉御基金的卫哲做了如下阐述：

> 我们认为电子商务有四个发展阶段。
>
> 第一阶段，非主流人群在网络上买非主流的产品，十七八岁的孩子买一点发卡、化妆品、游戏点卡。
>
> 第二阶段，还是这些非主流的人开始买主流产品，服装是绝对的主流产品、手机也是主流产品，甚至包括大米也在这个范围。
>
> 第三阶段，主流人群，就是我们今天在座的台下的社会消费的主流人群，开始买网上一些非主流产品，因为刚上网我们的习惯是买一些线下店找不到的非主流产品。
>
> 第四阶段，就是主流人群买主流产品，我们的购物习惯也会逐渐得到改变。四五年前开始网购的第一批非主流人群从十七八岁到二十七八岁，自然成为社会消费主流。中国现在有4亿网民，几乎有3亿游戏网民，4亿网民中约有2亿人只是偶然网购，还是非主流人群。在未来几年，电商即将进入第四阶段，目前正处在第三到第四阶段之间。[①]

可以看出，电子商务——或聚焦于购物而言，尚有很多的网民没有选择网上采购物品。这是否在另一个方面体现出电子商务本身的缺陷，即难以让所有网民心甘情愿地在网购上形成习惯，也是个

---

① 《2010网商大会实录，头脑风暴之新网商新文明》，阿里巴巴第七届网商大会文字实录，和讯网。

值得深虑的问题。

作为电子商务大国，美国、日本的电子商务，似乎更优于中国。但这也正使得中国的电子商务公司有更大的冲劲，他们能结合更多线下资源为线上服务，打破人们的传统购物习惯，让人们改善对个别网购体验较差的观念。如此，从长期的发展路径上看，中国的电子商务发展空间尚且庞大无边，而这也映射出了全球的电子商务市场——同样是硕大无朋的。

在电子商务领域赫赫有名的亚马逊、eBay、阿里巴巴等，其每年的营收几乎都呈现出逐渐上涨的趋势，这也从侧面证明了有越来越多的网民开始倾向于电子商务，即便每年都有更多新兴的电子商务公司进入这一市场，准备分一杯羹。

从全球的电子商务发展态势来看，再过十几年或几十年，情况是否会如阿里巴巴创始人马云说的那样：电子商务将"消失"，因为它将彻底融入所有企业的血液当中，成为企业日常运作的一部分。若事实果真如此，那将是一番怎样的景象呢？不过，从当前的电子商务发展看，要发展到那个程度，的确需要一个漫长的过程。

为了更好地了解电子商务的发展空间，我们不妨分类阐述，以便更能从微观处看全局。

第一，B2B。

这一形态的电子商务发展迅猛，可多如牛毛的B2B网站中，能够实现赢利的却为数不多。B2B网站实际上仅是一个提供了厂房和水电煤等硬件的电子载体，商家绝不能因此而觉得其业务更容易展开。相反，互联网的发展决定了每一块网络领域都竞争激烈。所以，商家只有产品过硬、管理过硬、营销过硬……这样才能提升竞争力。如此看来，这一市场尚需深挖细作，而非一些业界数据便能概括其发展空间。

第二，B2C。

与B2B网站相比，B2C网站的前景似乎更明朗些。在全球化的"网上大卖场"热潮下，实体店的销售也开始朝着网上转移，而那些尚在传统领域称雄称霸的零售商们，其市场也逐渐被蚕食。贝索斯打造的亚马逊，已在多个领域对传统零售商造成了巨大的压力，我们有理由相信，未来会有更多类似亚马逊一样的领军者出现。显然，这个市场在用户体验、性价比和精准营销上若能准确着力，其发展空间将无限宽广。

第三，C2C。

中国的淘宝网、京东商城是这个市场中的佼佼者。C2C网站与人们距离更近，它如同一个巨大的网络社区，让现实生活中的人们以各种媒介为桥梁而得以取得适时地沟通交流。而这类网站的火暴，更让人们超越了地域限制，获得了更多种多样的非凡体验。若说B2B、B2C是老板们的江湖，那么C2C在未来更可能成为普通大众的天下。因而，这一决定于人们观念发生巨变的电商形态，必然会在变化中更显冲击力。

第四，C2B（消费者对企业）。

这是一种新型的电子商务模式，更重在顾客的体验和主动性。即是说，顾客可以将自己所需物品及价格告知相应的商家，商家接受"要约"后，双反即可达成交易；反之则交易失败。这种新兴的电子商务模式——类似的还有ITM（互动交易模式，即线上对线下），似乎是对现有的成熟电子商务模式的补充，更是一种全新尝试。对于拓宽电子商务的空间来说，也一样具有刺激性。

　　总体而言，不管目前全球电子商务的交易额有多大，一个摆在眼前的事实即是：大的电商会全力投入，为用户提供更好的体验；小规模电商生存艰难，有被大电商吞并的危险，而这并不能阻止他们继续尝试；同时，新兴的电商模式开始出现，这似乎意味着在某个层面上说，目前的电商空间好似到了顶峰，即便再按照原路走，也很难维系。因此不得不另辟蹊径，谋得生存。

　　然而，不管怎么说，全球电子商务的空间依旧巨大，毕竟大的电商也尚未触碰到"天花板"，且整个行业也维系着一种蓬勃发展的震撼局面！